MUSÉE

DES

MONUMENS FRANÇAIS.

TOME TROISIÈME.

AVERTISSEMENT.

L'ABONDANCE des matériaux qui composent le seizième siècle a forcé les propriétaires de cet ouvrage à diviser cette époque de l'art en deux tomes parfaitement égaux, et également riches en gravures, dont la réunion entière n'aurait pu se faire dans un seul volume sans réduire le nombre des gravures, ou sans diminuer l'intérêt dont l'ouvrage entier est susceptible ; ils ont en conséquence doublé l'activité de leur travail, afin d'éviter les retards dans la publicité complète de cette belle époque de nos arts en France.

Ce volume, formant la première partie de ce beau temps de l'art, est composé d'une introduction et des monumens qui parurent au commencement du siècle. Le second volume, qui est sous presse, et dont les dessins sont dans les mains des graveurs, paraîtra incessamment, et complétera l'histoire des arts en France, depuis François Ier jusqu'à Louis XIII.

CET OUVRAGE, orné de Planches, dessinées par PERCIER et LENOIR, gravées par GUYOT, se vend chez les Propriétaires :

LENOIR, au Musée, rue des Petits-Augustins;

Laurent GUYOT, Graveur, rue des Mathurins, n° 335;

Et chez LEVRAULT frères, Libraires, quai Malaquay, au coin de la rue des Petits-Augustins.

Pl 89

MUSÉE
DES MONUMENS
FRANÇAIS

Dessiné par Lenoir et Percier. Gravé par Guyot

SEIZIÊME SIÉCLE.

TOM. III.

François Ier

Jn Goujon

Percier del

MUSÉE

DES

MONUMENS FRANÇAIS,

OU

DESCRIPTION

HISTORIQUE et chronologique des Statues en marbre et en bronze, Bas-reliefs et Tombeaux des Hommes et des Femmes célèbres, pour servir à l'Histoire de France et à celle de l'Art;

ORNÉE DE GRAVURES;

ET augmentée d'une Dissertation sur les Costumes de chaque siècle;

PAR ALEXANDRE LENOIR,

FONDATEUR ET ADMINISTRATEUR DU MUSÉE.

Cessez de mutiler tous ces grands monumens,
Ces prodiges des arts consacrés par les temps;
Respectez-les, ils sont le prix de mon courage.
VOLTAIRE, *Orphelin de la Chine, acte II.*

A PARIS,

DE L'IMPRIMERIE DE GUILLEMINET,
rue de la Harpe, n° 117.

AN X. — 1802.

INTRODUCTION.

Les monumens du quatorzième siècle que nous avons décrits dans le second volume de cet ouvrage nous ont fait connaître l'architecture arabe, dite gothique, dans toute sa splendeur; nous avons vu des ogives alongées, divisées en plusieurs membres, multipliées à l'infini; des colonnes fuselées avec beaucoup de légèreté, soutenir des voûtes sveltes et élégantes, remplacer dans nos temples ces masses pesantes en forme de piliers, exclusivement composés de trois moulures, portant des voûtes basses et écrasées : tel était le genre des constructions qui s'établit dans nos contrées, à la suite du style lombard introduit par Charlemagne. Cependant il est bon d'observer que la forme ogive ne s'introduisit en France qu'au retour des premières croisades, sous Louis le Jeune, et que tous les monumens qui furent élevés avant cette époque nous montrent des cintres parfaits. Voyez l'abbaye de Cluny dont j'ai parlé dans mon précédent volume; à Paris, la porte de l'église Saint-Germain-des-Prés, et celle de Saint-Victor qui subsiste encore; à Saint-Denis, le grand portail de l'abbaye; à Provins, celui de l'église Saint-

I

Ayoult, etc. D'après cette observation, on peut donc assurer que tous les anciens monumens français qui sont chargés de cintres, datent au plus du dixième siècle, tandis que ceux de forme ogive datent au moins du onzième. L'ogive montre aussi deux époques dans son emploi. D'abord elle parut sous la forme d'un ovale aplati, orné seulement de trois boudins ou moulures, aussi ovales. Sa division intérieure, pour croisée ou tout autre ornement, est composée de trois parties égales entre elles, et présente à l'œil la forme d'une feuille de vigne ou de lierre découpée et percée à jour; nous examinerons bientôt les motifs qui ont déterminé l'emploi de ces formes mystérieuses. Ce ne fut que vers la fin du treizième siècle, et au retour de Louis IX en France, que l'on commença à développer l'œuf ou l'ovale dont l'ogive est composée, et à charger les murailles de détails et d'ornemens. Ce ne fut aussi qu'à cette époque que l'on vit paraître dans nos églises les croisées rondes, connues sous le nom de *roses*. Voyez celles de Saint-Denis, construites sous Philippe le Hardi, et celles de la cathédrale de Paris, construites en 1257 par Chelles, architecte, alors en grande réputation, qui, suivant l'inscription placée sous le portique méridional de l'église, est auteur de toute cette partie de l'édifice. Cependant il est prouvé par des chroniques du temps que les fondations de la masse générale de ce monument furent jetées sous Louis VII, par les ordres de Maurice, évêque de Paris, qui fit démolir l'ancienne basilique, bâtie sous Childebert, qui tombait en ruine.

Pour l'intelligence de l'architecture arabe que nous avons scrupuleusement imitée jusqu'en 1510 environ, comme on le verra par la suite, il est nécessaire d'observer que, dans la construction des édifices consacrés à la divinité, ces peuples et ceux d'une partie de l'Asie aimaient à y retrouver des formes et des ornemens qui représentassent à leur imagination tous les caractères symboliques du *grand tout* et des phénomènes annuels de la nature, le motif principal de leurs théogonies, comme si le lieu où ils se recueillaient pour adorer était lui-même l'image matérielle de la *suprême divinité*. L'ogive que nous avons reçue de ces peuples est une représentation de l'œuf sacré, considéré par les Égyptiens comme le principe créateur de leur grande déesse Isis, et même d'Osiris son frère, tous deux nés d'un œuf fécondé de la substance lumineuse. Chez les Perses, l'œuf était l'image de la lumière la plus pure, et celle d'Oromaze leur divinité par excellence. Les Grecs voyaient dans l'œuf le symbole du monde. Les Ophites, qui révéraient le serpent de Bacchus, portaient un culte particulier aux œufs de cet animal. Dans les détails de l'ogive je retrouve aussi l'emploi très-fréquent de la vigne et du lierre, tous deux attributs essentiellement consacrés à Bacchus, le dieu lumière et le principe de la régénération universelle, ΔΙΟΝΥΣΟΣ. Ne voyons-nous pas Phanès et Bacchus rompre l'œuf et en sortir pour répandre par-tout la lumière? Ceci est évident, et paraît expliquer clairement pourquoi les ogives sont toujours rehaussées de rouge, de bleu et d'or. D'après toutes ces considérations, il serait absurde de penser que les choses que nous admirons dans les arts, ainsi que celles que nous voyons avec une sorte d'indifférence, dussent leur forme au hasard. Qui ne sait pas que nous avons reçu nos arts de l'Asie, et que les artistes et les savans de ces contrées, dirigés, dès leur naissance, par des mages ou des hyérophantes, qui eux-mêmes avaient reçu ces allégories d'un peuple plus ancien qu'eux, appliquaient particulièrement l'astronomie, la science la plus considérée, à toutes leurs productions? Voilà comment la forme des anciens temples, et toutes leurs décorations, que nous avons copiées comme je l'ai dit plus haut, ont des rapports immédiats avec les phénomènes de la nature et avec la sphère.

Si je rappelle ici l'attention de mes lecteurs sur les couleurs mystérieuses dont j'ai parlé dans le second volume de cet ouvrage, pag. 37, nous verrons d'abord que ces couleurs sacrées appartenaient aux anciennes théogonies dont le christianisme n'est qu'une imitation, et qu'elles ont été employées à la décoration de nos temples dès les premières époques de son introduction dans nos contrées; et nous savons par les auteurs anciens que l'église Saint-Germain-des-Prés ou Saint-Vincent, bâtie par Childebert, était revêtue d'or, d'azur et de pierres précieuses; mais, comme il ne nous reste de ces beaux édifices, qui n'existent plus, que des descriptions imparfaites, nous renverrons les amis des arts aux autorités existantes, c'est-à-dire aux monumens construits en France depuis l'époque de la première croisade, jusqu'au quinzième siècle, en les prévenant toutefois que la majeure partie de ces temples a été blanchie depuis leur érection, et qu'il est nécessaire d'enlever la teinte de chaux dont on les a recouverts pour en faire un scrupuleux examen, et vérifier les faits que nous avançons. Ces monumens consultés, nous sommes donc certains de l'emploi exclusif du rouge, du bleu, et de l'or dans les églises chrétiennes; et personne n'ignore que les savans de l'Orient nous ont communiqué cette religion avec ses mystères. Examinons donc quelles idées cette nation savante attachait aux couleurs qui sont aujourd'hui l'objet de notre observation. Nous lisons dans Kirker, sur le culte des Orientaux, que les Chaldéens représentaient les sept firmamens dont ils supposaient que le ciel était composé, par des pierres précieuses; savoir : l'émeraude, l'hyacinthe, la perle, l'or et l'argent. La forme sphérique du lotus, la couleur blanche et nuancée d'un bleu léger, le firent adorer et considérer des Égyptiens comme le siége du dieu du jour. Ce peuple voyait aussi dans la couleur blanche, bleue et violacée de l'oignon, qu'il adorait, les emblêmes de la lune, et il consacrait ce légume à cette divinité. Clément d'Alexandrie et Josèphe affirment que les cinq perles et les cinq escarboucles qui ornaient l'habit du grand-prêtre chez les Juifs désignaient les sept sphères. Tous deux s'accordent à dire que les deux sardoines qui servaient d'agrafes ou de fermail à ce vêtement, et les douze pierres précieuses qui composaient son rational, étaient l'image du soleil et de la lune, et des douze signes du zodiaque. On retrouve également dans l'Apocalypse de Jean, article *Description de la Jérusalem céleste*, l'emploi des couleurs, des métaux et des pierres colorées, l'objet principal de cette dissertation. Si je donne une description générale du vêtement du grand-prêtre des anciens Juifs, on verra clairement qu'il était lui-même l'emblême du grand tout ou de l'univers dieu; comme Pan, chargé de tous ses attributs chez les Égyptiens et chez les Grecs, était l'ame figurée du monde. Ce vêtement consistait d'abord en une robe longue, d'un lin très-fin, retenue par une simple ceinture, dont les manches se prolongeaient jusqu'au poignet; le second vêtement était une espèce de tunique couleur d'hyacinthe, du bas de laquelle pendaient des petites sonnettes d'or qui descendaient vers la naissance des malléoles, par conséquent un peu plus haut que le premier; pardessus, il portait une petite robe courte sans manches, et fendue sur le devant, d'un tissu très-fin, mêlé d'or et de pourpre, et enrichie de perles enchâssées dans de l'or. Cette robe, appelée éphod, était arrêtée sur les épaules par deux sardoines, sur lesquelles les noms des douze tribus d'Israël étaient gravés. Le rational, comme nous l'avons déjà dit, était composé de douze pierres précieuses; il portait sur le front une lame d'or, sur laquelle étaient écrits ces mots : *La sainteté est au Seigneur.*

Nous voyons dans ce vêtement du blanc, du bleu, du rouge et de l'or, des pierres précieuses, et en général tous les caractères emblématiques des Chaldéens dont parle Kirker. D'après toutes ces observations, il paraît certain que l'application du bleu, du rouge et du noir, relevé par de l'or dans les temples de l'Orient, et par imitation dans ceux qui furent bâtis en Europe, avait pour but l'allégorie; et, lorsque l'on verra ses couleurs mystérieuses se répéter uniformément en Orient comme en Occident, on ne pourra nier, je pense, la véracité de ce que je viens de dire sur les couleurs allégoriques et sur les idées que les anciens y attachaient ; et nous nous demanderons pourquoi ces couleurs sont-elles si scrupuleusement observées dans les temples consacrés à la divinité, si elles n'en sont point l'image ; et pourquoi enfin, si elles ne sont point sacrées, les artistes, auteurs de ces temples, ne les ont-ils pas variées ?

Les vitraux colorés incrustés, les dorures et les couleurs mystiques qui décorent l'architecture du quatorzième siècle, lui donnent une physionomie étrangère qui le distingue d'une manière frappante des époques de l'art qui l'ont précédé, et de celles dont je parlerai dans la suite. C'est le caractère vraiment asiatique que j'ai cherché à saisir dans la salle de ce Musée, destinée à recevoir les monumens de cet âge. [1] (*Voyez* le IIe vol. p. 39.) Lorsque l'on saura aussi que l'architecture n'était

[1] Le caractère que j'ai donné à mon treizième siècle paraît d'autant mieux saisi, que le premier consul *Bonaparte*, en visitant le Musée, dit en entrant dans cette salle : « *Lenoir, vous me transportez en Syrie. Je suis satisfait de vos travaux. Continuez vos utiles recherches, et j'en verrai toujours les résultats avec plaisir.* » Encouragé par un suffrage aussi flatteur que bienveillant, secondé par un ministre éclairé et ami des arts, j'ai doublé d'efforts, et j'espère, en mettant la dernière main à mon quatorzième siècle, lui donner la forme et la couleur asiatique qui lui conviennent.

Pl. 90.

Nº. 60 (bis.)

Lenoir del

Couronnement du Tombeau de Charles V.

pratiquée dans ce temps-là que par des prêtres ou des religieux instruits, non seulement dans les langues anciennes et étrangères, mais encore savans dans les sciences exactes, et particulièrement dans la géométrie, on ne sera plus étonné de voir cet art maintenu dans sa perfection, lorsque la sculpture, abandonnée à des tailleurs de pierre ignorans, perdit dans le cours d'un demi-siècle tout ce qu'elle avait acquis sous Louis IX. [1]

Charles V, par une sage administration, parvint à relever les finances de l'état sans surcharger les impôts; toujours occupé du bonheur du peuple, il disait: « *Je suis heureux parce que j'ai le pouvoir de faire le bien.* » Il sut en peu de temps réparer les maux que le roi Jean son père avait procurés à la France; il protégea les lettres; et, malgré les soins qu'il prit pour faire naître le goût de la peinture et de la sculpture, il n'eut pas la satifaction de les voir prospérer à son gré; il jeta les premiers fondemens de l'académie de Saint-Luc, qui fut définitivement organisée par son fils, en 1391. La gravure que je joins ici sous le n° 60 (*bis*), nous fait voir le modèle exécuté en pierre d'une basilique arabe. Ce petit monument, d'un

---

[1] Les six croisées de cette salle sont garnies de vitraux de l'abbaye de Saint-Denis, que j'ai fait restaurer, dont je donnerai la gravure et l'explication à l'article de la peinture sur verre.

travail extrêmement délicat, que j'ai tiré de l'abbaye de Saint-Denis, et que j'ai fait restaurer dans tous ses détails pour en orner le tombeau de Charles V,[1] peut donner une idée très-exacte des *ogives* et des *roses* dont je viens de parler.

Dans la chronologie de nos arts, nous ne connaissons point de peinture du temps de Charles V. Cet art, relégué dans les cloîtres, était exclusivement réservé à l'ornement des livres de piété. Les tableaux les plus anciens que nous possédons de notre école sont ceux dont nous donnons ici les gravures. Le premier peint sous Charles VI, et numéroté 82 (*bis*), représente la famille des Ursins, composée de treize personnages à genoux, rangés en file dans un temple dont les voûtes sont ornées de dorures. Le père Jean Juvénel des Ursins et Michelle de Vitri sa femme ouvrent le cortége; leurs enfans, au nombre de onze, suivent selon leur âge et leur naissance, désignés chacun par une inscription particulière placée au bas de chacun d'eux, ainsi qu'il suit:

1° et 2° *Ce sont les représentations de nobles personnes messire Jehan Juuenel des Ursins, chevalier et baron de Trainel, con-*

---

[1] Ce morceau précieux convient d'autant mieux à l'ornement du tombeau de Charles V, qu'il a été exécuté de son temps par les ordres de Jeanne d'Évreux, femme de Charles IV.

Pl. 31

N° 82 (bis)

Famille des Ursins.

seiller du roy, et de dame Michelle de Vitri, sa femme et de leurs enfans.

3° Le premier des enfans qui suit est Jean Juvenel des Ursins, représenté en habits pontificaux; il fut évêque de Reims par la résignation que son frère Jacques, alors plus jeune que lui, et placé le dernier dans ce tableau, fit de cet évêché en sa faveur. A ses pieds, on lit ce qui suit : ***Révérend père en Dieu messire Jehan Juuenel des Ursins, docteur en loys et en décret, en son tems, évesque, et comte de Beauuais, depuis évesque et duc de Laon, per de France, conseiller du roy.***

4° Le personnage suivant est Jeanne Juvenel des Ursins, vêtue en habit de veuve, et qui avait épousé Nicolas Brulart, conseiller du roi, ainsi qu'il est constaté par l'inscription qui suit : *Jehanne Juvenel des Ursins, qui fut conjointe en mariage avec noble homme, maistre Nicola Brulart, conseiller du roy.*

5° On voit ensuite Louis Juvenel des Ursins en habit de guerre. *Messire Loys Juvenel des Ursins, chevalier, conseiller et chambellan du roy, et bailly de Troyes.*

6° et 7° Puis viennent deux femmes, vêtues à la manière du temps, et coiffées à la *Henin*, espèce de toquet en forme de pain de sucre, d'étoffe brochée en or, ou en soie, sorte de coiffure mise en vogue par la reine Isabeau de Bavière; voici leurs noms. *Dame Jehanne Juuenel des Ursins, qui fu conjointe par mariage, avecque Pierre de Chailli.* Ensuite, *damoiselle Eude Juuenel des Ursins, qui fut conjointe par mariage à Denis des Mares, escuyer, seigneur de Doue.*

8° Le suivant est *Denis Juuenel des vrssins escuyer, eschanson de monseigneur Loys, delphin de Viennois et duc de Guienne.*

9° Celle qui suit fut religieuse de l'abbaye de Poissy: *Seur Marie Juuenel des Urssins, religieuse à Poissy.*

10° On voit ensuite Guillaume des Ursins, chancelier de France, placé devant un prie-dieu chargé de son casque: *Messire Guillaume Juuenel des Ursins, seigneur et baron de Traisnel, en son tems conseiller du roy, bailly de Sens, depuis chancellier de France.*

11° Près de lui est *Pierre Juuenel des Urssins, escuyer.*

12° Vient ensuite *Michel Juuenel des Ursins, escuyer et seigneur de la chapelle en Brye.*

Enfin, le dernier est l'archevêque de Reims, dont j'ai parlé plus haut, représenté crossé et mitré; l'inscription est conçue ainsi: *Réuérend pere en Dieu messire Jacques Juuenel des*

Ursins, archeuesque et duc de Rheims, premier per de France, conseiller du roy, et president de la chambre des comptes.

Ce tableau, extrêmement précieux, malgré le mauvais goût du dessin qui y règne, montre beaucoup de vérité dans les portraits de cette famille respectable. Voyez l'explication du tombeau de Jean Juvenel des Ursins, que j'ai placé dans le quinzième siècle sous le n° 82, pag. 108. Je puis attribuer cette production à Gringonard, peintre en grande réputation à la cour de Charles VI. Il était maître peintre de l'académie de Saint-Luc, et fut l'inventeur et le dessinateur des cartes à jouer dont nous nous servons encore aujourd'hui. Malgré les rapports sensibles qu'il y a dans le dessin du tableau des Ursins avec celui de nos cartes, je ne puis considérer ces dernières que comme des caricatures que ce peintre imagina pour amuser le roi.

N° 556.

La gravure suivante est celle d'un autre tableau, aussi précieux pour l'histoire de l'art que celui dont je viens de parler. Si je suis les dates de leur exécution, je vois qu'ils ont été peints à très-peu de distance l'un de l'autre, et déjà on trouve un très-grand avancement dans l'art. Non seulement il y a une supériorité marquée dans le dessin, mais encore dans la composition, et principalement dans le coloris qui en est très-beau. Le sujet représente le Christ descendu de la croix, et pleuré des saintes femmes. Le propriétaire, l'abbé Guillaume, s'y est fait représenter avec ses sœurs soutenant le Christ. Voici ce qu'on lit au sujet de ce tableau dans l'histoire de Saint-Germain-des-Prés. « Enfin, on voit dans la sacristie un ancien tableau « sur bois, qui a servi autrefois dans quelque cha- « pelle, où l'abbé Guillaume est représenté à ge- « noux, soutenant avec respect, par-dessous le bras, « un Christ détaché de la croix, accompagné de « plusieurs autres figures assez mal dessinées selon « la manière de ce temps-là, mais dont les têtes « sont bonnes et le coloris d'une grande fraîcheur. « Ce qui est le plus à estimer dans ce tableau, c'est « le lointain où l'abbaye est représentée au milieu « des prés, environnée de tours rondes, de hautes « murailles et de fossés profonds, comme Ri- « chard, [1] prédécesseur de l'abbé Guillaume, les « avait fait faire. Le Louvre, avec ses grosses « tours, y paraît de l'autre côté de la rivière, dans le « même état qu'il avait été construit par Philippe- « Auguste. Le petit Bourbon, à présent garde- « meuble du roi, y est dépeint de la même ma-

[1] Richard, dit de Laître, fut nommé abbé de Saint-Germain, l'an 1361.

Pl. 92. N°. 550.

Lenoir del.

Famille de l'Abbé Guillaume peinte en 1412.

« nière qu'il est encore aujourd'hui, sur-tout du « côté de la rivière. [1] On voit encore plus loin, « derrière ces édifices, la butte Montmartre, et « au sommet l'ancienne église avec le monastère « des religieuses, tel qu'il était pour lors. »

L'abbé Guillaume avait fait exécuter vers le même temps, pour le devant du maître autel de son église, un bas-relief d'une grande magnificence, des niches ornées des détails les plus délicats, et dans le goût du temps, renfermant les douze apôtres et le Christ en croix, au bas duquel Guillaume s'était fait sculpter à genoux sur un piédestal chargé de cette inscription: *Guillermus tertius hujus ecclesiae abbas ;* le tout en vermeil et de rond de bosse. Ce morceau curieux, conservé avec soin pendant quatre siècles, a été fondu en 1793.

Guillaume III, (dit l'évêque) soixante-troisième abbé de Saint-Germain-des-Prés, fut nommé à cette place l'an 1387. Il s'y distingua par ses talens et sa bonne administration. Après avoir prodigieusement contribué au bonheur de ses religieux; il mourut le 11 décembre 1418. Il composa lui-même son épitaphe, qui fut gravée autour d'une lame de cuivre qui couvrait son corps, et sur laquelle

[1] Il faut observer que cette description a été donnée en 1624, et que le Louvre depuis a éprouvé de grands changemens.

il était représenté avec ses habits sacerdotaux. [1] Je ne la rapporte ici que parce qu'elle est en contradiction parfaite avec ce qui s'est passé à l'égard du corps de Guillaume; la voici : *Hic jacet frater Guillermus quondam abbas hujus ecclesiae, doctor regens Parisius in theologiae facultate. Nuc vermis et non homo, quod nihil fœtidius, nihil horribilius, et quasi putredo consumendus. Expectans tamen resurrectionem mortuorum et vitam aeternam. Qui obiit anno domini* M. CCCC. XVIII. *undecimo die mensis decembris. Orate pro eo.* Son corps, qu'il croyait devoir être la pâture des vers et réduit en poussière, pour me servir de ses propres expressions, exhumé à plusieurs époques, fut trouvé parfaitement conservé et dans l'état le plus sain. Bouillart, qui écrivait l'histoire de l'abbaye Saint-Germain-des-Prés, en 1724, dit formellement que le corps de Guillaume a été découvert plusieurs fois, et en différens temps, sans qu'on y ait trouvé aucune altération. Le 20 mars 1791, par suite des travaux qui se firent dans le chœur de cette église, érigée alors en paroisse, le tombeau de Guillaume fut ouvert pour la quatrième fois, et son corps, que j'ai vu, était en

---

[1] Ce monument a été fondu en 1793 avec les autres.

état de momie sèche, et avait conservé sa première fraîcheur ; son habit de religieux avec lequel il avait été enterré, et une étole de soie verte ornée d'un petit galon d'or, dont il était affublé, avaient encore leur élasticité. Sa figure, nullement altérée, était parfaitement semblable au portrait que nous avons de cet abbé dans le tableau que je viens de décrire.

Après avoir jeté quelques traits sur l'état de nos arts dans le quatorzième siècle, si nous portons un œil observateur sur les monumens du quinzième, nous y verrons les premiers efforts que nos artistes firent pour atteindre la perfection. Nous trouverons dans les formes de leurs statues, et plus encore dans leurs bas-reliefs, un principe d'élégance dans le style, et une sorte de grace naturelle dans les attitudes que Jean Gougeon a développées dans ses productions avec tant d'avantages dans le siècle suivant. Georges d'Amboise fut la première cause du changement qui s'opéra dans les arts dépendans du dessin. Placé auprès du bon roi Louis XII, il fut l'instituteur de la morale, le protecteur des artistes et l'ami du peuple. Déjà l'Italie heureuse, héritière des chefs-d'œuvres de la Grèce, pouvait à peine compter ses nombreux talens ; déjà Michel-Ange, Bramante, Léonard de Vinci, Corrége, Raphaël et Titien, avaient vu le jour ; déjà l'Allemagne nommait avec or-

gueil Albert Durer, Aldégraef et Holben; déjà les Hollandais plaçaient Lucas de Leyde au rang des plus grands artistes, lorsque les peintres en France avaient à peine des notions du grand et du beau. Les architectes français cependant changèrent de style, de manière de composer; et l'on peut remarquer aisément dans les monumens publics de ce temps-là le mélange singulier du genre arabe, qui était exclusivement pratiqué avant l'époque dont je parle, aux formes régulières qu'ils avaient vues en Italie. Voilà comment ces monumens hermaphrodites joignent à des plans heureux des lignes parfaitement combinées qui leur donnent un caractère qui tient essentiellement à leur âge. Il suffit pour en juger de jeter un coup-d'œil sur les plans du château de Gaillon, bâti pour le cardinal d'Amboise avec une magnificence rare. Le ministre a bien voulu m'autoriser à acheter les débris de ce beau palais pour en former une des cours du Musée. [1]

[1] Le ministre Chaptal, en homme éclairé et en ami des arts, a reconnu l'importance du monument historique que j'élève aux arts et aux sciences; sur ma demande, il a ordonnancé les fonds nécessaires pour faire transporter à Paris quatre portiques et une portion d'architecture assez considérable du château de Gaillon, que le propriétaire a bien voulu me céder pour les conserver aux arts, et pour en orner le Musée que je dirige.

La vue des beaux arabesques qui ornent le Vatican enflamma tellement nos artistes français, qu'ils excellèrent en très-peu de temps dans ce genre de sculpture; et, par un penchant ordinaire à l'homme, qui le pousse naturellement à répéter souvent ce qu'il sait le mieux, ou ce qui lui plaît davantage, ils en firent un si grand abus, qu'il est impossible, à la première inspection d'un édifice du quinzième siècle, d'embrasser d'un coup d'œil tous les détails dont il est surchargé[1]; ce qui est évidemment prouvé par la gravure que je joins ici

---

Mon terrain m'offre, par sa disposition naturelle, les moyens d'exécuter un projet que j'ai conçu dans mon plan chronologique des monumens français. Il présente trois cours par son ancienne division, de manière qu'avec les démolitions d'anciens édifices, j'en forme trois siècles différens. La première, bâtie avec une partie du château d'Anet, que j'ai fait transporter, représentera le seizième siècle; la seconde, composée avec les débris arabesques du château de Gaillon, construit pour le cardinal d'Amboise, montrera l'architecture du quinzième. Je suis à la recherche d'un édifice arabe, dit improprement *gothique*, pour composer l'ensemble de la troisième cour qui mène à l'Élysée.

[1] Voyez dans ce Musée le tombeau de Louis XII, salle du quinzième siècle, nº 94; dans cette ville, le portail de Saint-Eustache, rue des Prouvaires; à Rouen, l'Hôtel de Ville, celui de Provins, de Dreux, etc.

du battant d'une porte, qui tenait à l'ensemble de la boiserie qui ornait la chapelle du cardinal d'Amboise, que j'ai apportée en totalité.

N°s 538 et 538 *(bis)*.

Cette boiserie magnifique est composée de trente-trois panneaux arabesques, plus légers et plus fins les uns que les autres; de quatorze bas-reliefs enchâssés dans de petites colonnes aussi arabesques, et représentant des sujets du Nouveau Testament, au-dessous desquels on voit treize tableaux en marqueterie, formés avec des bois de couleur incrustés, représentant divers sujets allégoriques; le tout formant onze siéges ou stalles mouvantes, chargées d'arabesques et d'instrumens du dessin le plus léger et d'une exécution parfaite. Les portes de ce monument surpassent en beauté les autres parties de cette boiserie; huit grands panneaux arabesques, neuf pilastres et neuf moitiés de colonnes, ornées de leurs bases et de leurs chapiteaux composites, chargés de chimères et d'animaux hiéroglyphiques, composent l'ensemble de ces portes, sculptées en partie dans la masse; enfin, percées à jour pour donner de la légéreté à l'ouvrage, elles montrent des difficultés sans nombre vaincues par le talent. Devant être placées isolément, elles font voir sur l'autre face le style de l'architecture arabe, telle qu'elle avait été mise en

Pl. 93

N° 338 (bis)

N° 337

Sculpture en bois.

Pl. 94 N° 538.

Percier del.

Boiserie de la Chapelle de Gaillon.

pratique dans nos contrées, depuis les voyages fréquens que les Français firent en Asie.[1]

Nous ajouterons à la gravure de ces arabesques celle du bas-relief le plus remarquable de ceux dont cette riche boiserie est chargée; il représente saint Georges à cheval, combattant un monstre ailé à tête et à queue de serpent. Cherchons maintenant quel rapprochement on peut faire de cette allégorie mystérieuse avec l'ancienne mythologie, et examinons si la critique qui m'a été adressée dans le journal des Débats du 16 nivôse, relativement au bas-relief en marbre, représentant saint Georges, venant aussi du château de Gaillon, que j'ai placé dans le soubassement du tombeau de Comines, est fondée. (*Voyez* dans cet ouvrage la description de son tombeau, tom. II, pag. 136.)

L'histoire s'explique clairement sur notre saint Georges. Il y est formellement écrit que l'on n'a jamais rien su de certain sur ce personnage, qui cependant est célèbre chez les Chrétiens et les Mahométans; que ces derniers lui attribuent plu-

---

[1] Ce beau monument, exécuté en 1500, pour la chapelle d'Amboise, au château de Gaillon, avait été donné à la commune du lieu par l'acquéreur du château. Le citoyen Baroche, maire de cette commune, en a fait hommage au Musée, au nom des habitans de Gaillon, qui ont bien voulu s'en dessaisir en faveur des arts.

sieurs miracles, entr'autres celui d'avoir rendu à la vie le *bœuf* d'une femme qui lui avait donné l'hospitalité. On ignore le lieu et l'époque de sa naissance, et on ne sait ni quand ni où il est mort, quoiqu'on le fasse martyr de Dioclétien, qui vivait en 303. Cherchons maintenant quel peut être ce personnage allégorique, et jusqu'à quel point nous avons erré, suivant le critique, en plaçant dans la base qui porte la statue de Philippe de Comines, un bas-relief représentant saint Georges à cheval, combattant un monstre furieux.

Les traits caractéristiques de notre saint sont ainsi figurés sur le monument. On le voit au bord de la mer, armé de pied en cap, la lance au poing, monté sur un cheval, et vainqueur d'un dragon ailé, à *tête* et à *queue* de serpent, placé près d'un rocher immense qui laisse appercevoir l'ouverture d'une *caverne profonde*, de laquelle une *femme* paraît sortir. Jamais on n'a varié sur la manière de représenter saint Georges, et sur les attributs qui le caractérisent. Raphaël l'a peint comme un guerrier monté sur un *cheval blanc*, et dans la position adoptée; Rubens l'a représenté dans la même posture, et avec les mêmes attributs. Je m'éloignerais de mon but si je voulais citer ici la quantité de tableaux et de reliefs qui le font voir dans la même situation.

L'archange Michel, l'un des héros de l'Apocalypse, est également représenté armé d'une cuirasse, monté sur un *cheval blanc*, ayant une épée à la main, dont il perce un *animal monstrueux*; et l'on sait que l'ouvrage de Jean est une compilation des anciennes mythologies, arrangée à la manière de ce temps-là.

Si nous remontons à l'origine des deux fables dont je parle, nous voyons Persée vêtu de même, en habit de guerre, à *cheval*, l'épée à la main, combattre un *monstre*, et paraissant, après avoir franchi une vaste mer, délivrer une *femme* (Andromède) attachée à un rocher creusé en forme de *caverne*. Le Persée des constellations est aussi figuré sur la sphère, l'épée à la main, dans l'attitude de combattre, ayant d'un côté *Méduse*, et de l'autre la *baleine*, appelée le *dragon de mer*, et la *bête féroce*, ou θεριον.

Or, il paraît certain que c'est la sphère qui a dirigé les allégories dont je parle, et que Persée, le seigneur et le dieu des Perses ou l'océan de lumière, suivant les Chaldéens; le Michel du poète Jean, gardien du ciel, habitant de la mer lumineuse, suivant Ézéchiel, saint Justin, Théophile et saint Augustin, et notre Georges, aussi habitant du ciel, conformément à sa légende, sont tous trois le même personnage, dont les noms ont changé suivant l'état du ciel, et les tableaux qu'il présentait à des époques différentes aux poètes et aux prêtres qui les ont chantés. Tous trois sont environnés d'eau, l'image de l'horizon ou de la voûte céleste, ainsi désignée par les Perses et saint Jean ; tous trois montent un cheval blanc ; tous trois, cuirassés et armés, sont vainqueurs d'un monstre, l'emblême des ténèbres ; enfin tous trois sont aussi l'emblême de la lumière divine qui éclaire tout homme venant dans ce monde ; de cette lumière qui vivifie tout, et qui anime tous les êtres : et je conclus par avancer que tous trois, ainsi représentés, peignent allégoriquement le soleil, vainqueur des ténèbres à l'équinoxe du printemps : et par conséquent que l'allégorie de Georges, vainqueur du dragon à tête et à queue de serpent, est la même que celle d'Apollon, vainqueur du *serpent* Python, de Christ environné de gloire sortant du tombeau à la même époque, et ayant par sa mort écrasé le *serpent* ou le mauvais génie, et rendu à l'homme tout son bonheur.

Le *bœuf* que saint Georges *rend à la vie*, suivant les Mahométans, pour me servir des expressions contenues dans sa légende, sert encore à confirmer ce que je viens d'avancer sur ce personnage idéal. Le *bœuf* ou le *taureau*, le domicile du soleil à l'équinoxe du printemps, est représenté par le narrateur, comme vainqueur de la *mort* ou des *ténèbres* par la puissance de Georges. Or, il est évident que ce miracle est expliqué, et qu'il peint encore la victoire de la *lumière* remportée sur les *ténèbres*.

D'après toutes ces considérations, il est clair que le bas-relief que j'ai placé dans le socle qui porte le mausolée de Comines peint mystérieusement la *lumière* vainqueur des *ténèbres*, ou l'*immortalité*; et personne sans doute ne sera d'avis de refuser à cet historien, célèbre pour son temps, la portion de gloire que trois siècles ne lui ont pas contestée, et ce témoignage de ma faible reconnaissance pour sa mémoire. [1]

Le genre arabesque prit alors une telle prépondérance, que non seulement les palais et les édifices publics s'en ressentaient, mais encore les

---

[1] En 1201, les Génois fondèrent un ordre sous le titre de chevaliers de Saint-Georges d'Alfama; cet ordre fut confirmé par Benoît XIII, anti-pape, mais reconnu en Aragon pour légitime pontife. Frédéric IV, empereur et premier archiduc d'Autriche, fonda en 1470 un ordre militaire, sous le titre d'ordre de Saint-Georges, pour garder les frontières de ses états. Les chevaliers portaient la cotte d'arme blanche et la croix rouge pleine. Nous avons eu aussi un ordre de Saint-Michel, institué, en 1469, par Louis XI, roi de France, avec cette devise : *Immensi tremor Oceani.*

En 1404, Barthélemy Colonna, romain, établit une congrégation de religieux, sous le titre de Saint-Georges; ils étaient vêtus d'une robe *blanche*, recouverte d'un manteau *bleu de ciel* ou d'*azur*.

habitations particulières ; chaque propriétaire, suivant sa fortune, voulut avoir une maison chargée de sculpture. Le goût d'orner les maisons de sculptures remonte à des époques plus reculées que le siècle dont je parle, et nous voyons dans nos provinces quantité de pans de bois chargés de sculptures plus curieuses que belles; Rouen, Chartres, Houdan, Vernon, Caën, Orléans, etc., possèdent encore des maisons particulières dont les encoignures, les poutres sont décorées de figures allégoriques, faites pour piquer la curiosité. A Paris, l'on vient de démolir, rue Saint-Honoré, au coin de celle des Vieilles Étuves, une maison bâtie en 1200 [1] environ, dont l'encoignure était formée par un grand poteau (dit *cornier* à cause de son usage) sculpté à la manière du temps, représentant, sous des détails allégoriques, un sujet moral, composé de la manière suivante, et dont on peut juger du dessin par la gravure qui suit.

---

[1] Cette maison, qui appartenait à l'Hôtel-Dieu, était une des plus anciennes de Paris; elle a servi plus d'une fois de modèle à nos peintres lorsqu'ils avaient des sujets de l'histoire de France à traiter. Le citoyen Vincent, peintre, membre de l'Institut national, l'a représentée dans son beau tableau du président Molé.

N° 557.

La masse de ce poteau [1] représente un grand arbre duquel s'élèvent des branches garnies de fruits : ce sont des pommes, selon toute apparence. On voit des singes qui cherchent à l'envi à grimper autour pour atteindre le fruit, lorsqu'un vieux barbon de la bande, tapis au bas, présente d'une main une des pommes que les jeunes ont fait tomber par les secousses qu'ils donnent à l'arbre qu'ils assiégent pour en cueillir le fruit. L'observateur sait trouver de l'intérêt dans les choses qui en paraissent le moins susceptibles, et je ne suis pas éloigné de penser, en examinant ce morceau antique et curieux, qu'il n'ait été le motif d'une fable charmante sur le pouvoir électif dont Lamothe est auteur, et dont voici la fin :

« On dit que le vieux singe, affaibli par son âge,
« Au pied de l'arbre se campa ;
« Qu'il prévit en animal sage
« Que le fruit ébranlé tomberait du branchage,
« Et dans sa chûte il l'attrapa.
« Le peuple à son bon sens décerna la puissance.
« L'on n'est roi que par la prudence. »

---

[1] Lorsque le citoyen Clavareau, architecte, a fait déplacer le poteau, on a trouvé, dessous la pierre qui le retenait, plusieurs pièces de cuivre jaune. On a cru d'abord que c'étaient des médailles qui avaient été

Il est probable aussi que le poteau lui-même a été sculpté d'après un sujet allégorique, pris dans un morceau de poésie plus ancien que son auteur.

Cette manière d'instruire le peuple par des figures allégoriques est un usage antique, et nous voyons nos temples ornés de figures monstrueuses, représenter très-souvent les actions les plus indécentes. Dans le réfectoire des Bons-Hommes de Passy, on voyait sur les vitres un diable, sous la forme d'un singe, faire à des hommes ce qui excita la colère de la divinité contre les habitans de Sodôme. A Sainte-Marie Égyptienne, on voyait aussi sur un vitrage un batelier se payer du passage d'un lac, en usant des charmes de la sainte, qui ne pouvait s'acquitter autrement avec lui, vu son extrême pauvreté. Les prêtres ordonnateurs de ces images, très-multipliées dans nos églises sur des motifs variés, avaient pour but d'inspirer au peuple de l'aversion pour le mal, et de lui

placées dans cet endroit lors de la construction de cette maison ; mais, examen fait des pièces, nous avons reconnu, d'après leurs types, représentant un saint Éloy, un empereur romain, un Henri IV, Louis XIII, un prince d'Allemagne, et des pièces de la Chambre des Comptes du règne de Louis XIII, que c'étaient de simples jetons qui avaient été jetés dans cet endroit sans aucun motif, ou qui y étaient tombés par hasard.

montrer en même temps les châtimens qui étaient réservés après la mort à ceux qui s'en rendaient coupables pendant la vie. La langue des images est très-puissante : en parlant aux yeux, elle frappe à la fois les molécules de plusieurs sens, et produit les plus grands effets sur les individus peu instruits, en se gravant plus profondément dans leur mémoire.

Après avoir successivement examiné les trois premières époques de l'art en France, nous sommes enfin arrivés à ce siècle si universellement connu dans les arts dépendans du dessin, et même dans les lettres, sous la dénomination remarquable de *siècle de la Renaissance*. Si l'on étudie scrupuleusement les monumens précieux dont je vais entreprendre la description dans ce volume, on sera bien éloigné de partager l'opinion du roi de Prusse, qui donne assez légèrement la préférence au siècle de Louis XIV, en s'exprimant ainsi dans son mémoire, intitulé Histoire de Brandebourg : « *François Ier avait essayé vainement d'attirer en France les beaux-arts. Louis XIV les y établit; sa protection fut éclatante*. C'est par les monumens mêmes que je veux combattre l'opinion du grand Frédéric dont je respecte la mémoire et les talens littéraires, mais qui n'avait aucune connaissance des beaux-arts. J'invite donc les amateurs éclairés à venir visiter dans notre Musée les deux siècles [1] mis en opposition par Frédéric, et à juger par eux-mêmes de la véracité de notre assertion.

Dès 1440 les arts, comme je l'ai dit plus haut, prirent une grande considération : dans l'Italie, les palais élevés par les Médicis, et depuis par le grand Léon, les dépenses considérables que ces amis des lettres et des arts firent pour occuper les savans et les traiter honorablement, furent un véhicule si puissant, qu'en très-peu de temps Rome et Florence virent naître tous les talens à la fois, et grossir le nombre des chefs-d'œuvres. Le goût des beaux-arts, après s'être répandu dans toute l'Italie, vint germer en France vers la fin du quinzième siècle, et les efforts que firent à cette époque nos artistes pour rivaliser Michel-Ange et Raphaël furent extraordinaires ; mais, comme les progrès dans les arts et dans les sciences suivent en général la marche de la nature, et qu'il est reconnu qu'on ne peut arriver que par degrés à la perfection, ces efforts surprenans ne servirent qu'à indiquer la route, et ce ne fut que vers le milieu du seizième siècle que l'art atteignit en France cette prépondérance qui a fixé depuis tous les regards de l'Europe.

[1] J'ai placé dans deux salles séparées, et près l'une de l'autre, les monumens que les deux siècles ont produits ; par ce rapprochement la comparaison en sera extrêmement facile.

François Ier mit la dernière main à ce grand ouvrage, en appelant auprès de sa personne *Léonard de Vinci* et *Primatice* : il établit des écoles, des manufactures [1], et bientôt après l'on vit paraître les artistes les plus célèbres. Après la victoire de Cérisoles, il fut le propagateur des sciences et des arts et le père du commerce. Les trésors sortirent de sa main comme d'une source féconde pour se répandre sur les arts et les sciences. Le nombre considérable de savans [2] qu'il fit

---

[1] Il fonda à Limoges une manufacture d'émaux, dont il donna la direction à Léonard; (*voyez* le numéro 466) et à Rouen, une fabrique de poteries et de terres vernissées, sous la direction de Palissy. *Voyez* le numéro 455.

[2] Parmi les personnages célèbres en France dans le seizième siècle, nous avons remarqué ceux ci-après :

Pierre du Terrail, dit le chevalier Bayard; Jacques de Baune de Samblançai, sur-intendant des finances, injustement pendu en 1522; Guillaume Budé, savant; Guillaume du Bellai, grand capitaine, écrivain estimé; Clément Marot, poète; François Ier; Marguerite de Valois, sœur de François Ier, a fait des ouvrages en littérature fort estimés; François Rabelais, médecin littérateur; Mellin de Saint-Gelais, poète; Jean du Bellai, cardinal, poète; Jean Calvin, novateur; Diane de Poitiers; Michel Nostradamus, médecin littérateur; Anne de Montmo-

naître par des récompenses bien dirigées est la preuve la plus éclatante de son amour pour les lettres, qu'il cultivait lui-même avec succès. En 1530, il fonda le collége Royal avec des chaires particulières pour les langues savantes; Danès [1], disciple de Budé et de Lascaris, fut choisi pour

renci, connétable; Pierre Lescot, architecte; Jean Gougeon, sculpteur et architecte; Gaspard de Coligny, amiral; Michel de Lhôpital, chancelier; Estienne Jodelle, poète; Philibert de Lorme, architecte, a écrit sur son art; Jean Bullant, architecte du château d'Écouën, et autres monumens d'architecture; Christophe de Thou, président au parlement de Paris; René Birague, chancelier et cardinal; Pierre Bontemps, sculpteur, né à Paris, a fait les bas-reliefs et une partie des figures du tombeau de François Ier (*Voyez* le n° 99); Gui de Faur de Pibrac, avocat du roi; Bernard Palissy, potier de terre, a écrit sur son art et sur l'hydraulique; Pierre Ronsard, poète; Jean Cousin, peintre-sculpteur et anatomiste; Catherine de Médicis, épouse de Henri II; Ambroise Paré, chirurgien; Jacques Cujas, jurisconsulte; Jacques Amyot, littérateur, évêque d'Auxerre; Michel Montaigne, philosophe; Léonard de Limoges, émailleur célèbre; Albert de Gondi, cardinal de Retz; Jean Passerat, poète; Claude-Catherine de Clermont-Tonnerre, femme savante; Germain Pilon, sculpteur.

[1] Parmi les disciples de Danès, Amyot et le président Brisson se sont rendus célèbres.

professer la langue grecque, et Vatable pour l'hébreu. L'immense érection de palais magnifiquement décorés, de temples et de monumens superbes, qui se construisirent par ses ordres, est une preuve évidente de son goût pour les arts. [1] Ce prince brave, autant que généreux, aussi galant [2]

---

[1] Les monumens les plus remarquables bâtis par François Ier et dans le seizième siècle, sont : l'Hôtel de Ville de Paris, une grande partie du Louvre, occupée aujourd'hui par l'Institut ; une partie du château des Tuileries, le château de Saint-Germain, la Muette, démolie dans le siècle dernier, Fontainebleau, Madrid, démoli depuis quinze ans, Chambord, Rambouillet, Chantilly, Saint-Maur, Villers-Coterets, Écouën, Anet, Verneuil, etc.

[2] François Ier passait pour l'homme le plus galant de son siècle ; il fut le premier qui introduisit le beau sexe à la cour. *Sous la reine Anne de Bretagne,* dit Brantôme, *on ne les y voyait jamais que les grandes fêtes, et en petit nombre.* Il se constitua le chevalier des dames, et ne pouvait souffrir que l'on en dît du mal. Un jour, étant à table à Meudon, Brisambourg, l'un de ses gentilshommes, se permit de tenir en sa présence un mauvais propos contre la comtesse d'Estampes, qui depuis fut sa maîtresse ; il ordonna de l'arrêter. Brisambourg n'eut que le temps de se sauver, et ne parut à la cour qu'après la mort du roi : *Bien lui a pris,* continue le même auteur, *car le roi l'aurait fait pendre.* Il donna un soufflet au

que bien fait, [1] savait qu'un gouvernement, sans le secours des lettres et des arts, marche à la barbarie. Il savait que le philosophe, en réunissant la morale à la politique, devient le conservateur du

---

connétable de Bourbon, qui osa attaquer l'honneur de sa sœur Marguerite, qu'il aimait autant que sa maîtresse. (*Voyez* Mézerai.)

[1] *Portrait de* FRANÇOIS Ier, *fait par un écrivain de son temps, et imprimé en* 1588.

« Ce prince étoit de belle taille, bien proportionné de membres, beau de face, et ayant une telle majesté au visage, qu'il n'avoit rien qui ne se ressentit de sa grandeur royale ; les yeux clers et flamboyants, le front haut, et portant marque de générosité, le nez long grand, et dressé selon la proportion du visage avec une bienseance fort grande, la teste si bien faite, que par la figure d'icelle on jugeoit une grande maturité en ce roy, et une singuliere sagesse : fut éloquent au possible, homme de bon discours et qui prenoit singulier plaisir d'ouyr les hommes rares devant luy tandis qu'il prenoit son repas, aux raisons desquels il adjoustoit souvent les siennes si pertinnentes que la pluspart admiroient la gentillesse et sutilité d'esprit de ce grand prince. » *Voyez* dans ce Musée, salle du seizième siècle, n° 448, la belle statue de François Ier. Tout le monde connaît l'épitaphe qu'il fit pour la belle Laure, et que l'on a gravée sur son tombeau, que ce roi avait fait ériger dans l'église des Cordeliers à Avignon ; nous la rap-

contrat social; [1] que le savant, par ses recherches, avance les progrès de l'instruction, qu'il facilite l'agriculture par l'application qu'il fait de ses études aux mouvemens annuels de la nature; que l'ingénieur multiplie les communications de ville à ville, facilite les transports commerciaux, soit en changeant le cours des rivières, soit en ouvrant des canaux, et qu'il porte, par ce moyen, l'abondance dans des lieux stériles. Mézerai parle d'un canal qui fut ouvert en 1545, depuis la rivière d'Orne jusqu'à la ville de Caën. « La grande sécheresse qui eut lieu cette année-là, dit l'historien,

---

pellerons ici pour donner à nos lecteurs une idée de sa poésie.

Épitaphe de Noves de LAURE, *par* FRANÇOIS Ier, *roi de France.*

En petit lieu comprins vous pouvez voir
Ce qui comprend beaucoup par renommée.
Plume, labeur, la langue et le savoir
Furent vaincus par l'amant de l'aimée.
O gentille Aure, étant tant estimée,
Qui le pourra louer qu'en se taisant?
Car la parole est toujours réprimée
Quant le sujet surmonte le disant.

[1] François Olivier, l'homme le plus vertueux de son siècle, reçut les sceaux des mains de François Ier, en 1545. Il était magistrat habile, éloquent, judicieux, sincère, bon ami, et d'un courage inflexible (dit Mézerai.)

fournit le moyen d'exécuter une grande entreprise ; c'était de creuser un canal droit de la rivière d'Orne, depuis la ville de Caën jusqu'à la mer, et, par ce moyen, d'abréger son cours d'une lieue et demie, si bien que maintenant il n'y a plus que deux lieues, et emmène les vaisseaux avec le flux jusqu'au pied des murailles de la ville. » Enfin, sous le gouvernement de ce prince, qui reçut à l'unanimité le surnom de *Restaurateur des lettres* et *des arts*, tout parut sortir du néant, et prit l'empreinte du grand et du beau. Le simple potier, en pétrissant la terre, médite, cherche des formes, épure son travail, et devient un homme sublime. Ce génie universel, (Palissy) toujours occupé des phénomènes de la nature, la suit d'un œil attentif; il ouvre les entrailles de la terre, étudie les métaux, les façonne à l'aide du creuset, et en tire les couleurs les plus vives dont il colore ses statues et ses poteries. [1]

L'architecture prit aussi un grand développement sous ce règne régénérateur. François Ier donna la direction de ses bâtimens à Pierre Lescot, auteur d'une partie du Louvre et de la fontaine des Innocens, conjointement avec Gougeon, son ami particulier, qui fut chargé de la sculpture

[1] *Voyez* dans ce Musée, n° 455, deux tableaux en faïence, de la main de cet homme extraordinaire, et les vitraux représentant l'histoire de Psyché.

de ces deux monumens. Philibert de Lorme, qui parut ensuite, renouvela entièrement le goût de l'architecture par de savantes recherches; il publia plusieurs ouvrages classiques et élémentaires sur son art. [1] Il est facile de prendre une idée du talent de Philibert de Lorme, si l'on examine d'abord le château des Tuileries, ensuite le monument de François Ier, n° 99, et la façade du château d'Anet, que j'ai transportée des bords de l'Eure à Paris, pour en décorer la première cour de ce Musée, comme on le verra par la suite.

Des critiques sévères blâment dans ce monument les trois ordres d'architecture placés les uns sur les autres. Je sais que cela n'est pas très-régulier; mais il faut observer qu'il s'agissait de construire dans un petit espace un château agréable et convenable pour loger le concours de monde

[1] C'est d'après les procédés publiés par Philibert de Lorme, sur la coupe des charpentes et sur l'art du trait, qu'il a ornés de planches et imprimés en 1568, que les citoyens Legrand et Molinos, architectes d'un mérite distingué, ont construit en 1783 le dôme de la Halle neuve de Paris, qui n'était point couverte avant cette époque : aussi a-t-on remarqué avec plaisir que ces artistes recommandables ont eu la modestie de faire placer le buste de Philibert dans le milieu du monument, comme un hommage rendu à son grand talent. Philibert de Lorme a publié un traité sur l'art de bien bâtir, et à peu de frais.

qui suivait ordinairement le roi chez sa maîtresse; que, dans la majeure partie de nos provinces, les rez de chaussée ne sont habitables, au plus, que six mois de l'année, et qu'en conséquence il fallait à ce château des étages supérieurs : cela posé, il faut donc rendre justice au génie de Philibert de Lorme qui a tout prévu, et, dans sa construction, admirer la légéreté et la noblesse qui règnent dans l'ensemble de cette façade. Chaque ordre en particulier est pur et composé de profils élégans, et disposés harmonieusement. L'ordre ïonique est un chef-d'œuvre; tout, dans ce monument, peint Diane et l'Amour; rien ne convenait mieux au sujet : voilà de la poésie, et l'architecture en est susceptible autant que la peinture et la sculpture. Qui ne sait pas que des colonnes bien tournées et des corniches proprement profilées ne font point un beau monument? Ce ne sont que des matériaux bien préparés, qui ne prennent réellement une forme que par l'heureuse application qu'en fait l'homme de génie. Le devoir d'un architecte qui construit est de se bien pénétrer de l'usage que l'on veut faire du bâtiment dont il est chargé, afin de lui donner la physionomie qui lui convient, et exprimer autant que posssible, par le choix des formes et des lignes, ce qui peut se passer dans son intérieur; c'est ce que Philibert de Lorme a parfaitement saisi dans les monumens dont il a été chargé, et les artistes de bonne foi en conviennent: sans ces considérations nécessaires, l'architecture ne serait pas un art.

Jean Bullant, sculpteur et architecte, s'est également distingué dans ces deux arts; son architecture est pure, noble, l'on admire l'élégance de ses profils, et sur-tout la belle disposition de ses ajustemens.

N° 451 *(bis.)*

Bullant, sculpteur et architecte habile, mort en 1578, a bâti le château d'Écouën qu'occupait Anne de Montmorency ; il avait placé dans la grande cour de ce palais, ainsi que nous l'apprend Ducerceau son contemporain, dans son ouvrage sur les monumens publics, les belles statues de Michel-Ange, données au connétable par François Ier, qui les avait reçues en présent de Robert Strozzi. Ces statues, sublimes pour la beauté des formes et la vigueur de leur exécution, furent enlevées à cette famille par le cardinal de Richelieu, lorsqu'il se défit du jeune Montmorency; et ce ministre tout-puissant les fit placer dans son château de Richelieu, d'où elles furent enlevées vers la fin du siècle dernier, pour être placées à Paris dans le jardin du dernier maréchal de ce nom. Après sa mort, sa veuve les fit passer dans une maison qu'elle habitait au Roule, d'où elle se retira avant de leur donner une destination définitive.

Ces chefs-d'œuvres ainsi abandonnés dans une écurie, avec beaucoup d'autres morceaux précieux, parmi lesquels s'est trouvé le beau Bacchus grec dont j'ai parlé plus haut, (*voyez* le n° XII) allaient être vendus à des courtiers, lorsque j'arrivai à temps pour empêcher cette dilapidation, (c'était en 1793.) J'osai arrêter cette vente, et j'obtins du commissaire du département la permission de faire enlever en ma présence des monumens qui n'auraient jamais dû sortir des mains du gouvernement. Qu'il me soit donc permis de donner, dans cet ouvrage, une courte analyse sur ces marbres, en y joignant les gravures de deux chefs-d'œuvres uniques en France.

Je considère les deux esclaves de Michel-Ange comme des modèles faits pour enseigner en sculpture l'exécution du nu. Le moelleux des chairs est parfait, et la connaissance des muscles savamment exprimée. Ce sculpteur inimitable a rendu avec beaucoup de succès, dans ces statues, deux sentimens opposés; l'un des esclaves est profondément affecté de sa chaîne; le genre nerveux est attaqué; l'oppression forte qu'il ressent au sternum où il porte la main pour indiquer sa douleur, est un sentiment naturel, et les mouvemens suffoqués de la poitrine exprimés par de fréquentes oscillations

Pl. 96. Nº 452. (bis)

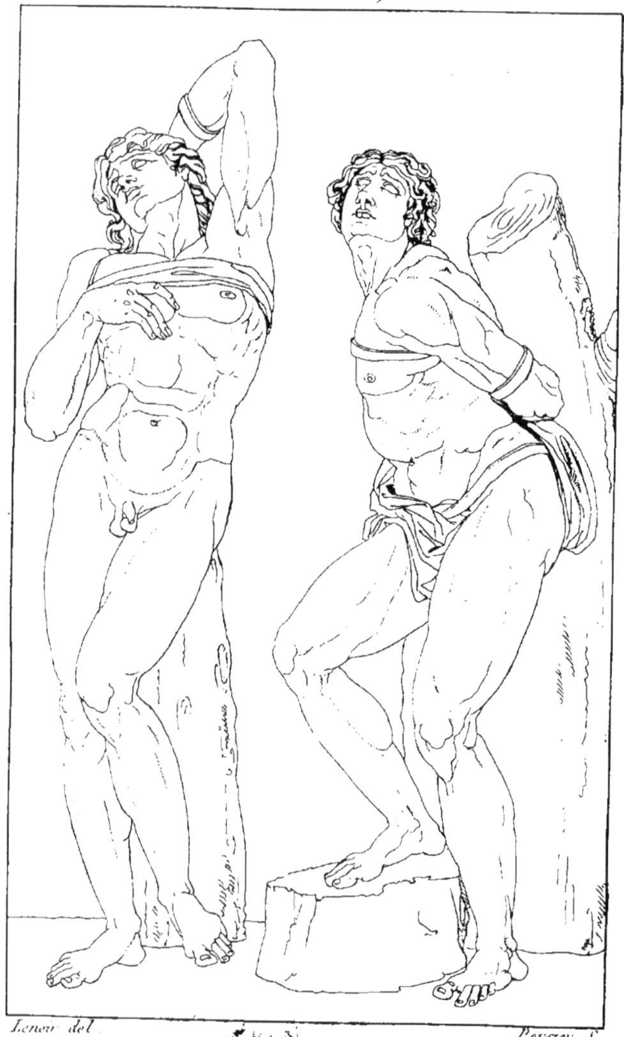

Lenoir del. Percier S.

Statues de Michel Ange Buonarotti,
données à François Iᵉʳ par Robert Strozzi.

sont parfaitement sentis. La construction physique de celui-ci est svelte et d'une forme élégante, tandis que celle de l'autre est vigoureuse. Michel-Ange, pour peindre l'homme dans toute sa vigueur, a donné à son second athlète les formes raccourcies d'un taureau; son cou est court et son thorax volumineux; il écume de rage, et ses robustes rotules semblent déchirer leurs capsules: enfin ces chefs-d'œuvres, qui se voient aujourd'hui *au Musée central des Arts*, impriment aux spectateurs l'idée du sublime et du terrible dont leur auteur était animé.

La gravure suivante, numérotée comme la précédente, représente un tableau de Raphaël peint vers 1500 dans la manière de Perugin son maître, que j'ai retiré des greniers de Saint-Lazare, [1] où il avait été jeté et abandonné: nous avons pensé que cette première production du plus beau talent du monde ne serait pas déplacée dans cet

---

[1] Le cardinal Mazarin employa une partie des biens, qu'il avait trop facilement acquis, à fonder des maisons d'éducation; il servit avec zèle Vincent de Paule dans l'établissement qu'il fit à Paris de plusieurs hospices en faveur des pauvres; notamment il lui fit donner la maison de Saint-Lazare, (anciennement Ladrerie) pour y établir le chef-lieu de sa congrégation philantropique.

Cette maison s'accrut considérablement depuis

ouvrage, puisqu'elle montre aux amateurs des arts, auxquels nous ne l'offrons ici que comme une pièce de comparaison, à quel point de perfection la peinture et la sculpture [1] étaient en Italie, lorsque ces deux arts, dans nos contrées, étaient encore au berceau. En suivant un mode si utile aux arts, j'ai cru devoir donner à la suite de ces gravures celle d'un bas-relief sculpté, à ce que l'on croit, par Albert Durer, dont le ministre, sur la demande que je lui en ai faite, a autorisé l'acquisition pour ce Musée.

N° 451 (*ter.*)

Ce beau tableau représente Christ porté au tombeau, accompagné des saintes femmes. (*Voyez* celui que nous avons décrit plus haut pag. 13, n° 556, qui fut peint un siècle avant ce dernier.)

L'originalité de ce tableau de Raphaël fut longtemps contestée à cause de sa parfaite ressemblance avec celui de ce peintre qui se voit à Rome dans la galerie du prince Borghèse. Ce n'est pas

---

cette dernière institution; un terrain immense et des bâtimens magnifiquement construits, et décorés des plus belles peintures des grands maîtres, présentaient encore un faste imposant, lorsqu'en 1789 elle fut incendiée et pillée.

1 *Voyez* les deux statues de Michel-Ange, dont je viens de parler.

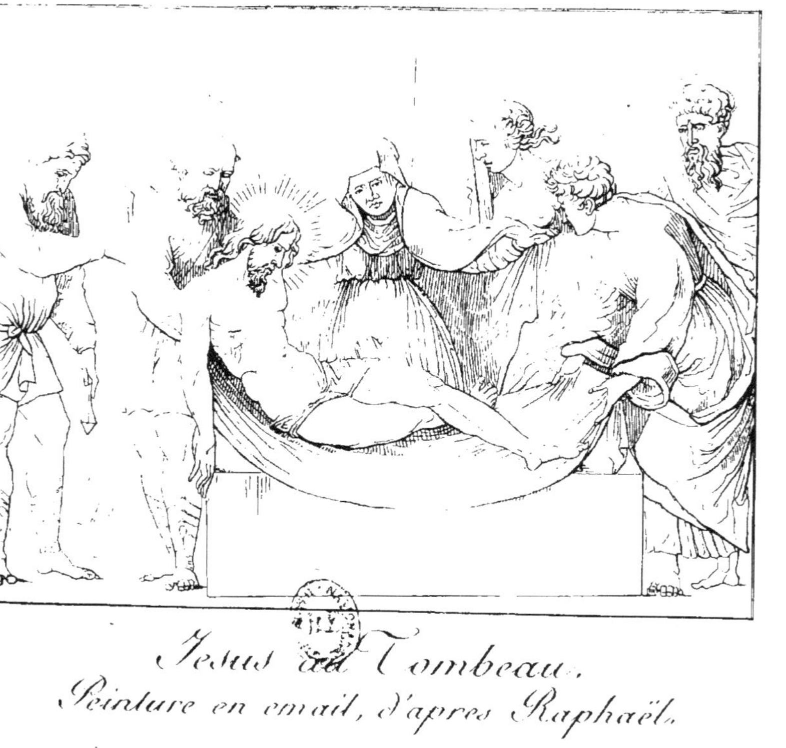

Jesus au Tombeau.

Peinture en email, d'apres Raphaël.

Pl. 95.

Bas-relief par Albert Durer.

la première fois qu'un peintre se répète et se copie lui-même; et il est impossible aux yeux exercés et aux vrais connaisseurs de ne pas reconnaître dans ce tableau la manière fine et savante de peindre de Raphaël, et sur-tout cette précision touchante que lui seul savait mettre dans ses expressions, et cette correction noble qui place son dessin au-dessus de celui des plus grands peintres. Des discussions intéressantes s'élevèrent à l'occasion de ce tableau, [1] et il fut de suite déposé au Musée Central, où il se voit au milieu des chefs-d'œuvres qu'une savante administration y réunit chaque jour.

N° 558.

Bas-relief d'Albert Durer, en pierre fine et jaunâtre, désignée par le citoyen Haüy, sous le titre de chaux carbonatée compacte. (*Voyez* le traité de ce savant sur la minéralogie tom. II. p. 164.) Ce morceau précieux a été apporté en France par un militaire qui le tenait d'un cardinal.

Le lieu de la scène représente l'intérieur d'une ferme dont les détails et les bâtimens sont rendus avec une précision et une délicatesse rares; dans le milieu du tableau, on voit la Vierge assise, oc-

---

[1] Le célèbre Marc-Antoine l'a gravé sous les yeux même de Raphaël, son maître, et depuis Volpato nous en a donné une très-belle gravure.

cupée à filer à la quenouille, ayant auprès d'elle, dans un berceau, le petit Christ nouvellement né. D'un côté, on voit Joseph travaillant sur un établi à des ouvrages de charpente, tandis que, de l'autre, des anges et la mère de Marie, à genoux, rendent hommage à la divinité naissante; sur le devant, des petits bambins ailés s'amusent à ramasser les copeaux, produit du travail de Joseph, et les recueillent dans des panniers. Dans le haut, le père Éternel, assis sur des nuages, sous la forme ridicule d'un pape, semble applaudir à la scène qu'il préside du haut des cieux. Des arabesques extrêmement légers encadrent le tout.

Ce petit monument est extrêmement remarquable par la beauté et la perfection de son exécution; les airs de têtes sont charmans et rendus avec beaucoup de finesse; les plis des vêtemens qui nous montrent en partie les costumes du temps sont drapés et jetés à la manière d'Albert Durer. Je n'affirmerai pas que cette belle production soit de la main de ce célèbre artiste, fondateur de l'école allemande; mais ce qu'il y a de certain, c'est qu'elle a été gravée par lui, au burin et en bois: ces deux gravures se trouvent dans ses œuvres, et tout le monde sait qu'Albert Durer, né à Nuremberg en 1471, était non seulement littérateur, peintre, graveur, mais encore architecte et sculpteur. Ses sculptures en buis et en ivoire sont très-estimées.

MONUMENS

DU SEIZIÈME SIÈCLE.

PREMIÈRE PARTIE.

EXAMINONS maintenant dans tous ses détails, et par les monumens mêmes, ce siècle régénérateur des beaux-arts, sur lequel je viens de jeter quelques idées.

Pour peindre comme il convenait la salle qui renferme dans ce Musée les monumens de cet âge, j'ai levé des plans et dessiné les monumens bâtis par les Lescot, les Bullant, les Philibert, etc. J'ai même fait archétyper les détails des décorations sorties de leurs mains, pour réunir dans mon cadre tout ce qui peut rappeler aux yeux des amateurs éclairés le beau siècle de la renaissance. La porte de cette salle a été exécutée avec soin et dans le style convenable. [1] LES COLONNES qui portent le fronton sont d'un marbre rare, désigné sous le

[1] Elle est faite d'après le dessin du citoyen Peyre jeune, architecte, fils d'un artiste recommandable, dont j'ai eu occasion de parler dans le premier volume de cet ouvrage, page 47.

nom de *brèche dorée ;* elles se trouvent supportées par des piédestaux, dans lesquels j'ai introduit de petits bas-reliefs en cuivre doré, exécutés par Quermézel, représentant la Nativité de Christ, l'Adoration des Mages, la Résurrection, et plusieurs sujets du Nouveau Testament. Les incrustations et les figures que l'on remarque sur le fronton, décrites sous le numéro 130, sont une imitation du genre d'ajustement adopté dans ce temps-là, ainsi que les plafonds que j'ai décorés d'arabesques, de salamandres, de chiffres enlacés, et même des devises de la chevalerie, placées dans leur ordre exact.

La Religion, la Patrie, l'Honneur, l'Amitié et l'Amour étaient les cinq lois principales de la chevalerie. *Du Belloy* n'a pas oublié de placer ces mots sacrés dans la bouche de Bayard, en le faisant entrer en scène :

Tous les objets sacrés de mon culte suprême,
Dieu, la France, l'Honneur, l'Amitié, l'Amour même,
De Milan vers ces lieux ont fait voler Bayard.

(Acte premier, scène première.)

Voltaire s'exprime ainsi dans *Tancrède :*

Conservez ma devise ; elle est chère à mon cœur ;
Elle a dans mes combats soutenu ma vaillance ;
Elle a conduit mes pas et fait mon espérance ;
Les mots en sont sacrés : c'est l'Amour et l'Honneur.

(Acte troisième, scène première.)

C'est d'après les descriptions de nos historiens, de nos poètes, et particulièrement par les recherches que j'ai été à même de faire sur les monumens qui nous restent de ce beau siècle, que j'ai guidé mes travaux et que je suis parvenu à rendre mon portrait exact. Durant le calme de la paix, dit Mézerai, François Ier joignit à l'amour des dames celui des belles-lettres, bien plus noble et plus digne d'une grande ame. Le bon roi Louis XII l'avait fait élever aux études dans le collége de Navarre, à Paris; et, bien qu'il n'y eût pris qu'une fort médiocre teinture de la langue latine, néanmoins, si peu qu'il en savait lui donnait un grand goût des sciences; particulièrement de l'*astronomie*, de la physique, de l'histoire naturelle, et de la jurisprudence. Il avait auprès de lui les plus habiles gens de son royaume, qui s'étudiaient à lui faire des discours méthodiques de ces belles connaissances, le plus souvent durant son dîner, quelquefois à la promenade, ou dans son cabinet; et il profita si bien de leurs entretiens, qu'il devint aussi habile que ses maîtres.

En reconnaissance de ces biens inestimables, il en éleva plusieurs aux grandes charges, et combla les autres de *présens* et de *pensions*. Aussi n'avancèrent-ils pas peu ses affaires par leurs services, et éblouirent toute la terre de l'éclat de son nom par leurs beaux ouvrages. Il institua *douze professeurs* royaux à Paris pour les sciences et pour les langues. Il fit bâtir un *collége royal*, et y affecta un fonds de 60,000 écus de rente pour y élever six cents sujets. Il amassa une très-grande quantité de *manuscrits* des anciens auteurs, dont s'est faite cette *riche bibliothèque*, qui était peu de chose avant lui, et qui est maintenant le plus rare trésor des rois de France. En un mot, il mérita le glorieux surnom de *père* et *de restaurateur des lettres et des sciences*.

Enfin ce prince, clément en paix, victorieux en guerre, après avoir soutenu la guerre pendant trente ans, presque contre toutes les puissances de l'Europe, malgré les dépenses considérables qu'il fit pour encourager les lettres et les arts, les pensions qu'il donna aux militaires, aux savans et aux artistes distingués; malgré les grandes acquisitions qu'il fit en tableaux précieux, en livres curieux, manuscrits, meubles, etc., laissa dans ses coffres, en mourant, environ 400,000 écus d'or de ce temps-là. Quel exemple pour les magistrats et les financiers avares qui anéantissent les sciences et les arts d'un état, en fermant pour eux les coffres du trésor public, sous le prétexte mal entendu d'en économiser les finances! François Ier avait pris pour devise une salamandre couronnée, placée au milieu d'un brasier, et cette légende: *Nutrisco et extinguo*.

Pl. 98. N°. 96.

Percier del.

Monument de Louis Deponcher.

N° 76.

DE SAINT-GERMAIN-L'AUXERROIS.

Monument exécuté en albâtre, érigé à Louis de Poncher, mort en 1521. Il est représenté couché et en habit de guerre, à côté de Robert-le-Gendre, sa femme. Il y a eu de cette famille Étienne de Poncher, conseiller au parlement en 1500, et François de Poncher, évêque de Paris, en 1519.

Ce tombeau, précieux pour la délicatesse du travail, est orné de cinq petites figures représentant des vertus analogues au christianisme, placées dans des niches ornées d'arabesques.

Il est bon d'observer qu'à cette époque les statuaires s'occupaient seulement des vérités de la nature, et la rendaient dans sa simplicité. Il y avait à Tours un sculpteur, nommé Juste, qui vers ce temps a exécuté beaucoup de tombeaux de ce genre de travail; mais, comme il ne les a point signés, on n'a que des notions très-vagues sur ses productions.

J'ai fait restaurer ce monument d'après les dessins que j'en avais faits deux ans avant sa destruction; et, n'ayant pu obtenir les colonnes arabesques qui le décoraient, j'ai fait entrer dans sa composition le chambranle qui ornait intérieurement la porte d'entrée de la chapelle d'Amboise à Gaillon, que j'ai acheté au citoyen Prevôt. Ce morceau, sculpté en pierre de Caën ardoisée, est orné des arabesques les plus précieux; les chapiteaux qui couronnent les pilastres sont d'un travail extraordinaire pour la finesse: on remarque aisément que, malgré la beauté et la finesse de leur exécution, ils paraissent lourds, parce qu'ils ne portent point de corniche; ce qui donne à ce monument une physionomie singulière que je n'ai pas voulu changer, puisque l'auteur l'avait ainsi conçu, et pour montrer combien l'architecture, à cette époque, était irrégulière dans son ensemble, lorsqu'elle était enrichie de détails parfaitement composés et précieux d'exécution. Le couronnement en forme de coquille qui surmonte ce beau monument, tient au style du temps, et ornait une des croisées du même château. On trouve dans les environs de Caën des masses vertes, grises et noires de cette pierre, qui prend un poli assez vif.

N° 447.

DE L'ÉGLISE DU TEMPLE.

La statue en albâtre et à genoux de Philippe Villiers, de l'Isle-Adam, mort en 1534, à 70 ans: des détails infiniment soignés, de la vérité dans l'exécution, composent l'ensemble de cette statue, dont on ignore le nom de l'auteur.

Philippe de Villiers, de l'Isle-Adam, élu en 1521 grand-maître de l'ordre de Saint-Jean de Jérusalem, commandait dans l'île de Rhodes, lors-

Lenoir inv.t Percier f.

Mausolée de Villiers de l'Isle Adam.

Pl. 99 N°. 97

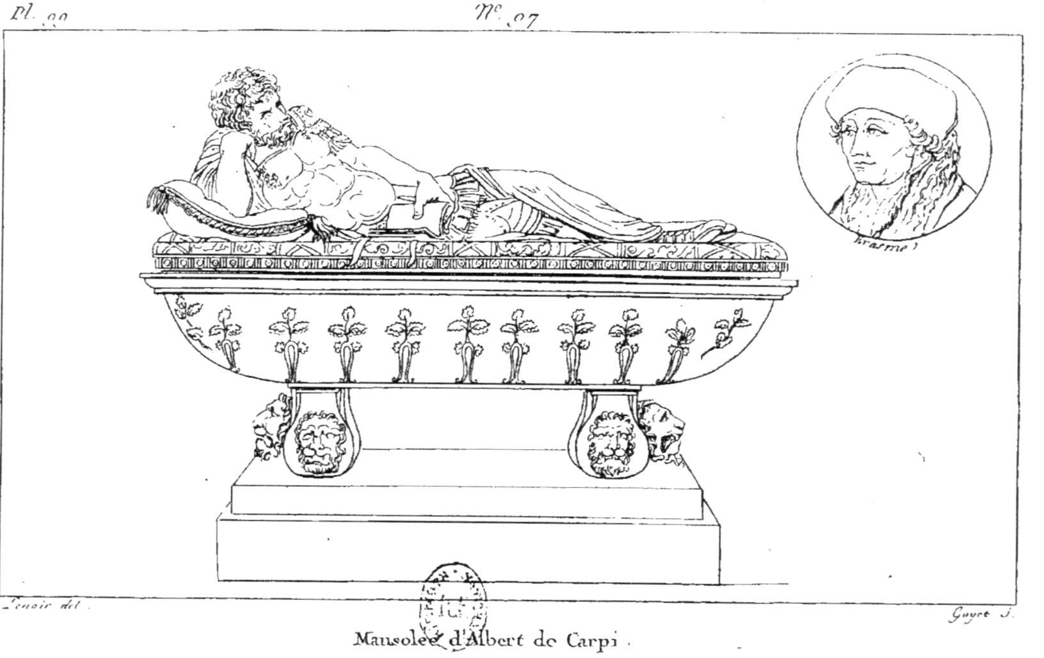

Lenoir del. Guyet s.

Mausolée d'Albert de Carpi.

que cette île fut assiégée par les Turcs en 1522; il sut, par ses talens militaires et son courage, repousser l'armée ennemie, composée de deux cent mille hommes: enfin Soliman vint commander son armée en personne; ayant amené du renfort, il pressa le siége avec tant de force, que Villiers, trahi par d'*Amaral*, chancelier de son ordre, fut obligé de se rendre le 20 décembre de la même année. Estimé du vainqueur, il refusa les offres les plus flatteuses, préféra tenir aux conventions de son ordre, et en prit les intérêts avec plus de chaleur; il fut obligé de partir avec ses chevaliers. Après avoir erré pendant huit ans sans avoir une retraite assurée, *Charles-Quint* lui donna Malte, le Gaze et Tripoli de Barbarie, en 1530: il en prit possession le mois d'octobre de la même année. C'est depuis cette époque que les chevaliers de Saint-Jean de Jérusalem ont pris le nom de *Chevaliers de Malte.* Il mourut en 1534, pleuré de tous ses chevaliers, dont il avait été le défenseur et le père. On grava sur son tombeau l'éloge suivant :

C'est ici que repose la vertu victorieuse de la fortune.

On joignit à cet éloge, aussi juste que mérité, l'épitaphe suivante:

Habet interior Gallia antiquissimam familiam de Villiers l'Isle Adam, multis magnisque rebus gestis clarissim. Regum amicitijs celeberr. Vnde suis totique Reipublicæ Christianæ prodijt tantis dignus natuib. Philippus : Cuius modo viator, monumentum cernis, virtutisque ergò positum. Hunc eo sua per gradus euexerunt merita vt, concordibus omnium votis, in vniuersum suum ordinem obtinens imperium, eius militiæ Magister fuerit. Quæ Deo Opt. Max. est et Ioanni Zachariæ sacra, cellam hanc viuens Tetragrammato nomini, extrà quod nulli salus, vir pius ac religiosus dicatam voluit.

J'ai introduit dans la composition de ce monument, entièrement restauré sur mes dessins, des arabesques, pris du château de Gaillon, un bas-relief représentant l'adoration des Mages, sculpté par Pierre Bontemps [1]; treize émaux de la fabrique de Limoges, représentant l'eau, la terre et le feu, et des jeux d'enfans; plus, un bouclier représentant une bataille que j'ai fait couler en métal de cloche, sur le modèle de celui qui servait à Henri II.

N° 97.

DES CORDELIERS.

Statue en bronze d'Albert Pio, prince de Carpi [2], poète estimé de son temps; il fut l'anta-

---

1 Bas-relief que j'ai acheté à Anet, d'un maçon qui le destinait à faire du moellon.

2 Carpi, petite ville d'Italie dans le Modénois, avec un château et titre de principauté. Carpi, autre ville d'Italie dans le Véronèze.

Pl. 100 N° 98

Lenoir del

Philippe Chabot.

goniste d'Erasme, et mourut à Paris en 1530, revêtu d'un habit de cordelier, dans lequel il voulut être enterré. Érasme, instruit de la faiblesse de ce guerrier, devenu moine, composa aussitôt l'enterrement séraphique : *Exequiae seraphicae*. Marot, à cette occasion, dit dans sa seconde lettre du *coq-à-l'âne :*

> Témoin le comte de Carpi
> Qui se fit moine après sa mort.

Les ouvrages de Carpi furent imprimés à Paris en 1591. Paul Ponce l'a représenté vêtu de son armure, et couché sur un lit de repos, entouré de ses ouvrages, et dans l'attitude de la lecture. Voici son épitaphe :

> *Alberto Pio de Sabaudia Carpensium principi.*
> *Francisci regis fortunam secuto,*
> *Quem prudentias Clarissimum reddidit,*
> *Doctrina fecit immortalem,*
> *Et vera pietas cœlo inseruit.*
> *Vit. anno. LV.*
> *Hœredes mœstiss. pass. An. M. D. XXXV.*

N° 98.

DES CÉLESTINS.

Monument érigé à Philippe Chabot, amiral, [1]

---

[1] La charge d'amiral ne s'accordait alors qu'à des hommes d'une naissance distinguée, c'était une mar-

mort en 1543, par Léonor Chabot, son fils, grand écuyer de France; l'amiral, vêtu de sa cotte d'armes,[1] et cuirassé de pied en cap, est représenté à demi couché, appuyé sur son casque, et tenant de la main gauche le sifflet avec lequel il commandait la manœuvre.

Cette belle figure d'albâtre de Lagni, digne du ciseau de Michel-Ange, par la sévérité du style, le caractère du dessin et la belle exécution, est de la main de Jean Cousin; elle est supportée par un sarcophage de marbre noir, que j'ai orné de pattes de lion en bronze, et de *chabots*, par allusion au nom de l'amiral qui avait placé ce poisson dans ses armoiries. Le tout est supporté par quatre belles colonnes de marbre (brèche verte antique) que j'ai retirées des démolitions de l'église Saint-Landry en la Cité. Dans le milieu, on voit un piédestal, orné de deux bas-reliefs, représentant saint Paul et Melchisedec, supportant une petite

---

que de la faveur du roi, et une des premières dignités de l'état.

[1] La cotte d'armes est une espèce de tunique que les chevaliers portaient par-dessus la cuirasse, comme nous en avons vu de nos jours aux mousquetaires. Lorsque les poltrons fuyaient, ils retournaient leur casaque pour n'être pas reconnus, parce qu'elles étaient tout armoriées, excepté à l'envers; c'est de là qu'est venu le proverbe *tourner casaque*.

figure de femme, aussi d'albâtre. Jean Cousin, en donnant à la fortune, exprimée par cette figure allégorique, l'attitude de l'abattement, a voulu peindre les revers qu'éprouva Chabot, qui fut la victime innocente d'une basse et jalouse intrigue.

Chabot, l'ami particulier de François Ier, envoyé en ambassade en Angleterre, y reçut l'ordre de la Jarretière. Il fut fait prisonnier avec le roi, en 1525, à la bataille de Pavie. En 1535, l'amiral, à la tête d'une armée considérable, passa en Piémont, et parvint à se faire ouvrir les portes des villes du Bugey et de la Bresse; mais, comme il prenait ses mesures pour avancer et pousser plus loin ses conquêtes, il fut arrêté au milieu de sa gloire par Montmorenci et le cardinal de Lorraine, ses ennemis, qui depuis long-temps cherchaient l'occasion de le perdre; enfin ils parvinrent à l'accuser de malversation, et persuadèrent le roi. Chabot, victime de la jalousie de ces deux hommes puissans, fut interdit dans ses fonctions, et subit un jugement qui fut rendu par une commission particulière, à la tête de laquelle était le chancelier Poyet, créature vendue au cardinal et à Montmorenci. Il fut condamné à perdre sa charge, et à payer une somme de 70,000 écus.

Voici une partie du texte de cet arrêt, tel que l'a donné Pasquier dans ses Recherches sur la France, tom. 1, pag. 550.

« François, par la grace de Dieu, roi de France ;
« A tous ceux qui ces présentes verront, salut.
« Comme sur les plaintes à nous faites de plusieurs
« infidélités, déloyautés et désobéissances envers
« nous, oppression de notre pauvre peuple, for-
« ces publiques, exactions indues, commissions,
« impressions, ingratitudes, contemnement et
« mépris, tant de nos commandemens que défen-
« ses, entreprises sur notre autorité, et autres fau-
« tes, abus et malversations, crimes et délits que
« l'on disait avoir été commis et perpétrés par
« Philippe Chabot, etc. Sçavoir faisons que nous
« avons dit et déclaré, disons et déclarons icelui
« Chabot, être atteint et convaincu d'avoir, mal,
« induement, illicitement, injustement et infi-
« dellement, contre les défenses par nous, de
« notre bouche à lui faites, et par impression et
« force publique, sous ombre de son admirauté,
« pris et exigés ès années mil cinq cent trente et
« six et trente sept, vingt sols sur les pêcheurs
« de la côte de Normandie, qui esdites années
« ont été aux harangaisons; et la somme de six
« livres sur chacun bateau qui était allé aux mac-
« queraux, combien que lui eussions, comme
« dit est, défendu de bouche de rien prendre. »

François Ier aimait Chabot, et, à la sollicitation de la duchesse d'Étampes, il lui permit de venir à la cour : « *Hé bien*, lui dit le roi, *vanterés-*

vous encore votre innocence? Sire, répondit l'amiral, *j'ai trop appris que nul n'est innocent devant son Dieu et son roi; mais j'ai du moins cette consolation, que toute la malice de mes ennemis n'a pu me trouver coupable d'aucune infidélité envers votre majesté.* On dit que François Ier, auquel il répondit insolemment à la suite de cette affaire, voulut le faire condamner à mort pour avoir le plaisir de lui donner sa grace, espérant par cette leçon réduire son ame hautaine.

Chabot, ne pouvant payer l'amende à laquelle il était condamné, demeura deux ans en prison. Abattu par les revers, il obtint à la fin des lettres de grace qui le déchargeaient de l'amende, et le rétablissaient dans son emploi. Après la mort de l'amiral, ses héritiers sollicitèrent du parlement la révision de son procès, qui fut déclaré nul en 1545, malgré les insinuations perfides que l'infâme Poyet avait fait naître dans la procédure.

Voici son épitaphe, composée par Jodelle, premier auteur tragique français, que j'ai fait placer dans le milieu des colonnes au-dessous de la statue. Ce morceau, d'un style pur et du meilleur goût, nous retrace en partie quelques circonstances de la vie de Philippe Chabot.

D. O. M. S.

At viuenti certè heroi, assiduâ virtute inuidiam, mortuo verò continua sospitis virtutis memoria mortem propemodùm ipsam superare altius (hospes) et perennius decus fiet. Sed quid hoc istic inquies? Vtrumque tibi fortissimi herois Philippi Chabotii Galliarum Thalassiarchæ testatum esse, breuiùs forsan quàm fas fuerit, voluerunt manes. Cùm enim ille patrem habens Chabotianâ, matrem Luxemburgæâ stirpe editam, feliciter natus, educatus, excultusque feliciùs, facundiâ præditus incredibili, Francisco I, Galliæ regi, Augustissimo domino suo supra modum dilectus, triplici Torquatorum equitum torque à tribus insignitus regibus, dux quoque Gallicorum centum grauiorum armatorum equitum, vtrique in Franciâ mari occiduo ac eoo præfectus: in Burgundiâ, cujus etiam pater dictus est, ac in Transalpinâ aliquandiù Galliâ, quam, regalibus copiis solus imperans, regio penè totam imperio addixit. Prorex præliis fortiter depugnatis, compositis magnanimiter fœderibus, tot rebus, denique terrâ marique, domi ac foris benè gestis claruerit: huic potissima fuit, tùm gloria, tùm rediuinæ gloriæ celebritas, tantus ipsius virtutisque comitis de inuidiâ triumphus, vt suæ instar anchoræ, vel more potiùs herculeo contra fluctus fortunam sisteret, ex liuore laudem ampliaret. Hoc viuus ille quod reliquum esse potest, patris obsequiis vt præstaret filius pientissimus Leonorius Chabotius, magnus Francorum Archippocomus, hoc indelebile forsitan monumentum posuit. Satisne satis superque eis, benè ergò precatus abi, ac virtutem amplexans, inuidiam disce, atque etiam mortem posse despicier. Vale. JODELIUS.

Pl 102 N°. 99.

Percier del.

Tombeau de François I.er et de Claude de France sa Femme,

exécuté sur les Dessins de Philibert de Lorme, par les artistes français, Pierre Bontemps, Jacques Chantrel &c.&c.

Philippe Chabot était le second enfant mâle de Jacques Chabot, seigneur de Jarnac et de Madeleine de Luxembourg sa femme; en 1526, il épousa Françoise de Longwy, dame de Paigny et de Mirebeau, fille aînée de Jean de Longwy, seigneur de Givry et de Jeanne d'Angoulême, comtesse de Bar-sur-Seine, et sœur naturelle de François Ier. Il avait pris pour devise un ballon, représenté en l'air, et ces mots : *Concussus surgo.*

No 99.

DE SAINT-DENIS.

Chapelle sépulcrale, dans laquelle on voit le tombeau de François Ier, mort en 1547.

Ce monument funèbre, tout en marbre blanc, érigé en 1550 au restaurateur des arts, a été construit sur les dessins de Philippe de Lorme, abbé d'Ivry, et ordonnateur des bâtimens et manufactures de France, ainsi qu'il est mentionné dans les mémoires de la chambre des comptes, que j'ai levés et que je donne à la suite de cet article.

François Ier et Claude de France sa femme y sont représentés dans leur état de mort. Ces deux statues, plus fortes que nature, sublimes par leur exécution et la connaissance profonde de l'anatomie que l'artiste, Pierre Bontemps, sculpteur, né à Paris, y a écrite avec beaucoup d'art, sont posées sur une estrade ornée d'une frise en relief, représentant les batailles de Marignan et de Cérisoles, dite *bataille des Géants*. Une grande voûte, composée d'arabesques et de bas-reliefs exécutés par Germain Pilon, représente des génies éteignant le flambeau de la vie; l'immortalité de l'ame, ingénieusement exprimée par l'allégorie de Christ, vainqueur des ténèbres, et les quatre prophètes de l'Apocalypse, enveloppent ces deux figures intéressantes.

François Ier, fils de Charles d'Orléans et de Louise de Savoie, petit-fils de Valentine de Milan, dont on voit les statues dans le second volume de cet ouvrage, pages 99 et 104, n°s 78 et 80, monta sur le trône de France, à l'âge de 21 ans, en 1515, après la mort de Louis XII son beau-père; il signala cet événement par un succès brillant. Ce prince avait depuis long-temps le dessin de reprendre le duché de Milan qu'il tenait de son aïeul; il lève une armée considérable et marche contre les Suisses; ceux-ci, prévenus de son dessein, s'étaient campés dans les environs de Milan, et bouchaient en force les deux portes de l'Italie, le mont Cenis et le mont Genèvre, espérant lui fermer ainsi le passage, et le traverser dans le dessein où il était de se rendre en maître dans son nouveau duché. La préférence marquée du roi de France pour les Lansquenets, [1]

[1] Je donne des détails sur cette troupe à l'article costume.

donna naissance à ce ressentiment des Suisses, qui prirent parti dans cette occasion pour l'Empire et l'Italie. François Ier, courageux comme un jeune lion, traverse les Alpes avec ses troupes par les endroits les plus dangereux et les moins praticables; [1] il arrive avec la prestesse d'un trait aux plaines de Marignan, où les Suisses l'attendaient depuis plusieurs jours. Là, le jeune roi, la soif de la gloire dans le cœur, était plus occupé de son armée que des fatigues du voyage; il passe une grande partie de la nuit à soigner ses troupes, à les ranger en bataille, et à veiller à ce qu'elles ne manquassent de rien; enfin, oubliant qu'il était chargé d'une armure pesante, [2] il reposa sur l'affût d'un canon en attendant le jour. Au lever de l'aurore, la trompette sonne et le combat s'engage; François Ier charge lui-même les ennemis, et reste le maître de la place et du Milanais, après avoir

---

[1] Les cols de l'Argentière et de Guillestre, impraticables jusqu'alors.

[2] Cette armure, de forme humaine, enveloppe le corps des pieds à la tête; elle est communément en fer battu, et chargé d'ornemens, de dorures, etc. Celle que portait François Ier est un chef-d'œuvre pour le travail; elle est couverte de bas-reliefs et d'arabesques de la plus grande beauté; le poli en est si net, qu'elle a l'éclat de l'argent; elle est déposée au Musée Central des Arts.

combattu deux jours sans relâche, et laissant plus de dix mille Suisses sur le carreau. Le roi de France, harassé par l'acharnement du combat, affaibli par la fatigue et le besoin, s'occupait plus encore de ses soldats que de sa situation critique. *Mes bons Français*, disait-il à ceux qui, en s'approchant de lui, cherchaient à lui donner du secours, *ont besoin de vos soins; commencez par eux.* Enfin, il ne reçut pour tout soulagement qu'un peu d'eau bourbeuse, mêlée de sang, qu'un soldat lui présenta dans son casque. (*Voyez* Mézerai.)

Trivulce, malgré son grand âge, déploya toute la vigueur d'un jeune homme à la journée de Marignan; aussi disait-il après la bataille: *Les dix-huit batailles auxquelles je me suis trouvé n'étaient que des jeux d'enfans; mais celle de Marignan est une bataille de géants.* Ce vieillard respectable rendit de grands services à la France dans cette journée mémorable; il fit gravir, avec des peines incroyables, les canons de l'armée par le haut des Alpes; ce que nous avons vu se répéter de nos jours sous le commandement du général Bonaparte, premier consul. [1]

[1] C'est aussi le beau moment que David a choisi pour représenter le héros pacificateur de l'Europe. Ce peintre célèbre a exécuté deux tableaux du por-

On voit dans les bas-reliefs du beau tombeau de François Ier, traités à la manière des camées antiques pour la finesse des saillies et du trait, la forme des canons, des habits de guerre en usage dans ce temps-là, ainsi que l'arbalète introduite dans nos armées sous le règne de Philippe Auguste; mais, ce qu'il y a de plus remarquable dans cette belle sculpture, ce sont les portraits des principaux capitaines qui se sont distingués à la bataille que je viens de décrire, tels que Trivulce, Frœlich, Claude de Lorraine, duc de Guise, etc. Ce dernier est représenté sur une des faces du monument, à cheval, auprès de François Ier, chargeant les ennemis [1]; sur l'autre face, on le voit,

---

trait de Bonaparte, où il est représenté de grandeur naturelle et à cheval, gravissant les Alpes à travers la neige et les frimas. On voit dans le fond les troupes françaises occupées à monter les canons, qu'ils ont débarrassés de leurs affûts. Le peintre a ingénieusement placé sur les rochers les noms d'Annibal, de Charlemagne, de François Ier, et de Bonaparte, motivé sur ce que les soldats sont dans l'usage, lorsqu'ils passent dans des lieux difficiles, de graver, sur une pierre, ou sur la roche, avec la baïonnette ou la pointe de leur sabre, le nom du général en chef qui les commande. L'un de ces chefs-d'œuvres reste à la France, l'autre était destiné à la cour d'Espagne, où il a été envoyé.

[1] Ce prince est aisé à reconnaître par son cheval

dans la chaleur de la mêlée, tenant d'une main un drapeau, sur lequel est peint une salamandre et des fleurs de lis, et, de l'autre, dirigeant ses Lansquenets dont il était le commandant.[1]

---

dont le caparaçon est chargé de croix de Lorraine (ses armes).

[1] Claude de Lorraine, duc de Guise, était fils de René, duc de Lorraine, et de Philippe de Gueldre, sa seconde femme. En 1513, il vint s'établir en France, et y épousa Antoinette de Bourbon, princesse du sang; conjointement avec son frère Jean de Lorraine, cardinal, qui s'était rendu puissant à force d'intrigues, ils fondèrent cette maison de Guise qui se rendit redoutable par la suite. Claude de Guise mourut en 1550, après s'être rendu célèbre dans plusieurs occasions. Sa famille lui fit ériger un mausolée à Eu, dans l'église des Jésuites, où il est représenté en marbre blanc, à demi couché sur un sarcophage de marbre noir, qui est revêtu d'un bas-relief copié sur celui du tombeau de François Ier, dont je viens de parler. Vis-à-vis le mausolée de ce grand capitaine, on voit celui d'Antoinette de Bourbon, sa femme, représentée aussi en marbre blanc, et à demi couchée. Huit colonnes de marbre noir, et quatre figures, aussi de marbre, de cinq pieds de proportion, représentant la Force, la Justice, la Prudence et la Tempérance, décorent ces deux beaux monumens, qui figureraient beaucoup mieux auprès de celui du vainqueur de Cérisoles, que dans une petite ville détournée, où ils sont entièrement

Le vieux maréchal de Trivulce [1] est représenté à cheval, donnant des ordres. On le voit dans le bas-relief de la face principale du monument, qui décore le piédestal d'une des colonnes.

Trivulce, après s'être distingué à Cérisoles, éprouva des disgraces à la cour de François Ier Son rare mérite, son grand âge, et sur-tout son

---

perdus pour l'artiste et l'historien. Le ministre Chaptal m'avait autorisé à les réunir dans le Musée avec ceux de leur siècle; mais, sur les observations du préfet de la Seine-Inférieure, le transport en a été différé. Il y a tout lieu de penser que, lorsque l'on sentira tous les avantages d'une collection aussi précieuse que celle que j'ai formée, l'on ne s'arrêtera plus à des considérations particulières, sauf à indemniser les villes où se trouvent les monumens qu'il importe de rapprocher de ceux que l'on a déjà dans la capitale, soit par des statues doubles, soit par d'autres objets qui, placés isolément, se voient encore avec intérêt.

[1] Trivulce, (Jean-Jacques) marquis de Vigerano, d'une ancienne famille de Milan, fut chassé de sa patrie par suite de son excessif attachement pour les *Guelfes*, qu'il défendit avec courage. Il passa au service de Ferdinand d'Aragon, roi de Naples; mais il préféra venir en France auprès de Charles VIII. Ce fut lui qui répondit au roi Louis XII, qui lui demandait ce qu'il fallait pour faire la guerre avec succès au duc de Milan : *Trois choses,* sire, *sont absolument nécessaires; 1° de l'argent, 2° de l'argent, 3° de l'argent.*

austère vertu l'en éloignèrent ; il ne put s'accoutumer à l'intrigue, aux vices, et à l'oisive mollesse des courtisans ; il se retira dans sa patrie dans l'espoir d'y terminer son illustre carrière ; toutefois il entretenait une correspondance avec le roi, qui prenait encore ses conseils. Cette sage retraite ne le mit point à l'abri des poursuites de ses ennemis. Lautrec [1] osa l'accuser de trahison. Le vieillard octogénaire, informé de la perfidie de Lautrec, rassemble ses forces, passe les Alpes en hiver, et arrive en France pour se justifier. Mécontent du froid accueil qu'il reçut du roi, il se retira dans les

[1] Suivant Mézerai, Odet de Foix, seigneur de Lautrec, maréchal de France, savait se battre, mais il ne savait pas commander ; il était haut, fier, dédaigneux, et très-impétueux ; il ne fut point heureux dans les guerres que Louis XII fit en Italie. Ayant été chassé de Milan, de Pavie, de Lodi, de Parme et de Plaisance, par *Prosper Colomne* en 1522, il chercha à rentrer dans le Milanais ; mais ayant perdu la bataille de la *Bicoque*, il se retira dans ses terres en Guyenne. En 1528 François Ier le fit lieutenant général de la Ligue en Italie contre Charles-Quint ; d'abord il prit Pavie, qu'il mit au pillage, marcha ensuite sur Naples, et mourut devant cette place le 15 août de la même année, après avoir lutté contre la peste et la famine. Françoise, comtesse de Châteaubrian, sœur de Lautrec, était maîtresse de François Ier.

environs de Paris, ne voulant plus reparaître malgré les vives sollicitations que lui fit faire François Ier. *Le dédain que le roi m'a témoigné*, dit-il à l'envoyé du roi, et *mon esprit ont déjà fait leur opération ; je suis mort.* Peu de temps après ce grand guerrier mourut à *Châtre*, aujourd'hui Arpajon, à quatre-vingts ans passés ; il ordonna lui-même son tombeau, et composa son épitaphe. *Hìc quiescit, qui nunquam quievit.* Ici repose celui qui ne s'est jamais reposé.

Le beau et magnifique mausolée de François Ier, aussi orné de seize colonnes d'ordre ïonique, dans la proportion de six pieds, supportant l'entablement au-dessus duquel sont placées cinq figures sculptées en marbre blanc ; savoir : François Ier et Claude sa femme, vêtus en habit de cour, et représentés à genoux devant leur prie-dieu ; les trois autres, aussi à genoux, sont François, dauphin, Charles, duc d'Orléans, ses deux fils, et Charlotte de France sa fille, morte à huit ans. Les plafonds arabesques qui couvrent les deux passages, et tous les ornemens qui décorent ce tombeau, ont été sculptés par Ambroise Perret, Jacques Chantrel, Bastien Galles, Pierre Bigoigne et Jean de Bourges, ornemanistes, ainsi qu'il est mentionné dans les mémoires de la chambre des comptes, du 28 février 1555. [1]

[1] Je viens de rendre ce précieux monument, qui

François, dauphin, fils de François Ier, dont on voit la statue en pied sur le couronnement du mausolée, avait hérité de la bravoure et de la générosité de son père. Ce jeune prince, âgé de 19 ans, et l'espoir des Français, mourut à Tournon, où il s'était fait porter étant malade, dans l'espérance de rejoindre le roi, qui était alors à Valence. Le comte de Montecuculi, Ferrarois, fut accusé de l'avoir empoisonné dans un verre d'eau, à l'instigation d'Antoine de Lève et de Ferdinand de Gonzague ; on prétendit même que Catherine de Médicis trempa dans le complot pour mettre Henri d'Orléans son mari à la place de son aîné. Montecuculi, convaincu du crime, fut tiré à quatre chevaux, et mourut sans charger en aucune manière cette princesse. François Ier pleura amèrement son fils ; sa perte lui devint d'autant plus sensible, qu'elle fut précédée de chagrins politiques qui troublaient sa tranquillité. Pierre Ronsard [1] com-

avait été mutilé par des barbares, à son état primitif, en le faisant restaurer d'après des dessins que j'en avais faits dans ma jeunesse pour l'étude particulière de mon art. J'ai fait graver sur une table de marbre noir, qui entre dans la décoration de cette chambre sépulcrale, les noms des hommes les plus célèbres qui ont paru dans ce siècle mémorable, dont j'ai donné plus haut le dénombrement, page 31.

[1] Ronsard, surnommé *le prince des poètes fran-*

posa sur cette mort tragique le morceau de poésie suivant : (*Voyez* son poème, intitulé la Franciade.)

A peine un blond duvet commençoit à s'estendre
Sur son jeune menton, que la mort le vint prendre,
Ordonnant pour son pere un camp ou tous les nerfs
De la Gaule tiroient, les champs estoient couverts
D'hommes et de chevaux : bref ou la France armée
Toute dedans un ost se voyoit enfermée.

çais, né en 1534, dans le Vendemois, fut élevé à Paris au collége de Navarre. Il cultiva les lettres avec un acharnement tel, qu'en très-peu de temps il surpassa tous ses contemporains. Les rois Henri II, François II, Charles IX et Henri III, le comblèrent de récompenses honorables. Ronsard, ayant mérité le premier prix des *Jeux floraux*, en reçut la récompense promise ; mais la ville de Toulouse se distingua dans cette occasion d'une manière éclatante ; elle envoya au poète une Minerve qu'elle fit couler en argent, d'un poids considérable, qui portait cette légende : *à Ronsard, le poète français par excellence.* Marie Stuart, reine d'Écosse, lui envoya un buffet qui renfermait un vase d'un grand prix, qui avait la forme d'un rosier fleuri, placé dans le milieu du Parnasse, duquel s'élevait un Pégase, avec cette inscription : *à Ronsard, l'Apollon de la source des Muses.* Ronsard gâta sa poésie par des mots trop recherchés, et par l'enflure et le boursouflé ; il était vain, et aussi ridicule que ses vers : il mourut en 1585, à 61 ans.

Il eut pour son sépulchre un millier d'estandarts,
De harnois, de boucliers, de piques, de soldats :
Le Rhosne le pleura, et la Saone endormie :
Mesme de l'Espagnol l'arrogance ennemie
Pleura ce jeune Prince : et le pere outrageux
Contre sa propre teste arrachoit ses cheveux,
Il arracha sa barbe, et de telle despouille,
Couvrit son cher enfant. Ah! fatale quenouille,
Parque tu monstres bien que ta cruelle main
Ne se donne soucy du pauvre genre humain!
Ainsi jeune et vaillant au printemps de ta vie,
Tu mourus, Germanicq'! quand ta mere Livie
Au lieu de recevoir un triomphe nouveau,
(O cruauté du Ciel) ne receut qu'un tombeau.
Trois jours devant sa fin je vins à son service,
Mon malheur me permist qu'au lict mort je le visse,
Non comme un homme mort mais comme un endormy,
Ou comme un beau bouton qui se penche à demy,
Languissant en avril, alors que la tempeste
Ialouse de son teint lui aggrave la teste,
Et luy chargeant le col, le fanist contre bas,
Ensemble prenant vie avec le trespas :
Ie vy son corps ouvrir osant mes yeux repaistre
Des poulmons et du cœur et du foye à mon Maistre,
Tel sembloit Adonis sur la place estendu,
Apres que tout son sang du corps fut respandu.

Charles d'Orléans, troisième fils de François Ier, dont on voit aussi la statue, placée à côté de celle de son frère, sur le mausolée dont je parle. Il fut nommé par son père, en 1542, chef des armées des Pays-Bas; ce jeune prince, âgé alors de 20 ans, signala ses premières armes par la prise de Dauvi-liers, d'Ivry, d'Arlon, de Mont-Médi et de Luxembourg. Charles, après la victoire, abandonna ces places, qui furent bientôt reprises par les ennemis. Claude de Guise se mit à la tête de l'armée, et reprit Luxembourg, que le roi fit fortifier, après avoir lui-même visité cette place. La paix fut conclue à Saint-Jean-des-Vignes, en 1544, à la suite d'un traité; 1° qui donnait en mariage la fille de l'empereur, ou sa nièce, fille de Maximilien son frère, à Charles d'Orléans, qui devenait, par cette alliance, maître du duché de Milan ou du comte de Flandre et des Pays-Bas; 2° à condition que le roi François Ier cesserait toute prétention, tant sur les royaumes de Naples et de Sicile, que sur le duché de Milan. Le but de cette alliance était d'éteindre les querelles trop souvent rallumées entre la France et l'Espagne; mais la mort vint traverser des projets considérés alors comme très-avantageux pour la France. Charles mourut en 1545 d'une fièvre pourprée, qui le prit à l'abbaye de Foresmontiers en Picardie. La mort de ce jeune prince, que l'on prétend avoir été calculée, rompit tous les liens de concorde, s'il en restait quelqu'un entre le roi et l'empereur, dit Mézerai : « Quand les envoyés de France portèrent la nouvelle de cette mort prématurée à l'empereur, et qu'ils lui demandèrent

comment est-ce qu'il prétendait disposer du Milanais, il répondit que celui auquel il l'avait promis, n'étant plus, il se croyait quitte de sa parole. »
Voici comment Ronsard s'exprime sur la mort de ce prince :[1]

Iamais le dur cizeau de la Parque cruelle,
Ne trancha de nos jours une trame si belle,
Jamais le mois d'avril ne vid si belle fleur,
N'y l'Orient joyau de si belle couleur,
Il sembloit un Paris en beauté de visage,
Il sembloit au dieu Mars en grandeur de courage,
Gratieux, debonnaire, eloquent et subtil
D'inventions de guerre vn magazin fertil.
Il avoit dans le corps l'ame si genereuse
Qu'il n'eust jamais trouvé sur la plaine poudreuse
L'ennemy qu'à ses pieds il n'eust bouleversé,
Bataille tant fut grande, ou mur qu'il n'eut forcé.
Son pere qui chargeoit tous les cieux de prieres
En mourant luy ferma l'une et l'autre paupiere,
Se pasma dessus luy, de l'armes le baigna,
Et presques demy mort le mort accompagna,
Les roses et les lis en tout temps puissent naistre
Sur ce Charles qui fut prés de cinq ans mon Maistre.

---

[1] Je placerai dans les galeries du Musée des archétypes, des bas-reliefs et des bustes du tombeau de François Ier, afin de mettre lès artistes et les savans à même d'examiner sans fatigue tous les traits des personnages qui y sont représentés; ce qu'ils ne peuvent faire sur le tombeau même.

Pl. 103.

N°. 448.

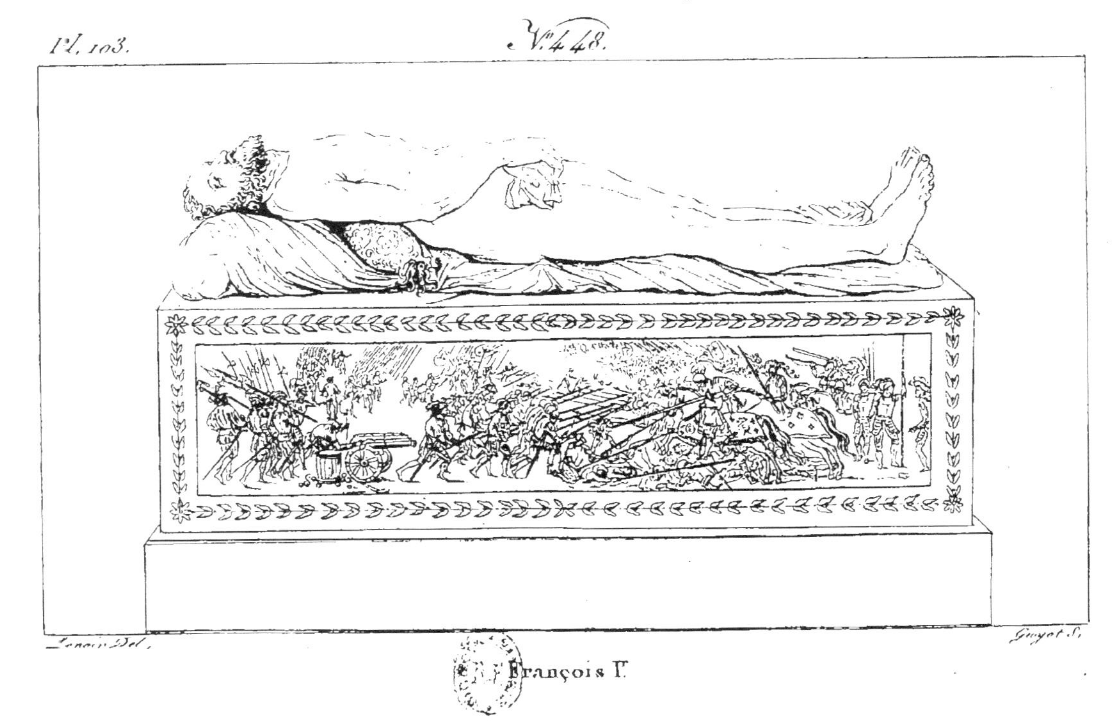

Lenoir Del. Guyot S.

François I.er

N° 448.

La statue, en marbre blanc et couchée, de François Ier représenté en état de mort.

Pour faciliter les études que l'on peut faire d'après ce chef-d'œuvre, je me suis déterminé à le poser sur un socle de marbre noir, dans lequel j'ai introduit les modèles des bas-reliefs que l'on remarque au tombeau ci-dessus décrit, savoir, les batailles de Marignan et de Cérisoles, afin de donner à ce monument le caractère de son siècle. (*Voyez* la description du tombeau, sous le n° 99.) Deux mille barbares environ ont porté une main téméraire sur ce chef-d'œuvre; ils ont gravé leurs noms avec une pointe sur les parties les plus intéressantes de la statue : malheureusement, on peut le vérifier sur le monument. Voici les plus remarquables: Hugues Bétauld, 1580; Fison, Estiot, Mutzinger, Lorme, 1584; Rebours, Estienne Plessier, 1586; Basset, 1592; Alexandre Syts est le dernier, qui s'est gravé illustre comme Érostrate : il a quitté la ville de Gand pour ajouter son nom au nombre de ceux que je viens de citer. Amis des arts, permettez-moi d'imprimer sur cette liste le cachet de l'ignorance et de l'infamie. Citoyens conservateurs, qui avez dans vos mains les belles statues de la Grèce, voilez la statue d'Apollon, si jamais Alexandre Syts osait souiller son sanctuaire. [1]

N° 539.

DE L'ABBAYE DE HAUTE-BRUYÈRE.

Urne sépulcrale qui renfermait le cœur de François Ier.

Ce vase, sculpté en marbre blanc, est orné de quatre bas-reliefs imitant le camée, représentant la peinture, la sculpture, l'architecture et la géométrie. Des mascarons et des cartouches ornent aussi cette urne, qui est surmontée de deux petits génies éteignant le flambeau de la vie. Le tout est supporté par un piédestal aussi de marbre blanc, décoré de quatre médaillons formant bas-reliefs, et représentant la poésie, la poésie lyrique, l'astronomie et la musique.

Pierre Bontemps, (de Paris) qui a exécuté avec beaucoup de soin ce beau et magnifique monument, a fort ingénieusement placé les arts et les sciences autour de ce vase, qui contenait ce qui restait de plus précieux de leur ami et de leur protecteur. Voici les inscriptions qui sont gravées autour de ce chef-d'œuvre:

---

[1] Une loi, rendue par la convention nationale, condamne à dix années de fers les destructeurs, dégradateurs et dilapidateurs des monumens des arts.

Pl 104. N° 539.

Percier Sculp

Vase qui contenait le Cœur de François I.

Rex Francisce tuum superis quum fata dedere
Ocyus Iliacæ fata seuera domus,
Contemptis lachrymis desiderioque recenti
Amplius hoc quo te prosequeremur erat:
Puluere in exiguo quum magni pectoris exta
Cor quantum Hectorea strenuitate iacet.

Christianiss. Regi Francisco primo, victori triumphatori Anglico, Hispanico, Germanico, Burgundico, Iustiss. Clementiss. Principi, Henricus secundus Rex Christianiss. Amantiss. Patri Pientiss. filius.

Extrait des registres de la Chambre des Comptes, concernant les sépultures faites en l'église Saint-Denis, payées pour la construction de la sépulture du feu roy François, dernier décédé.

Sculpteurs,

Pierre Bontemps, maistre sculpteur, bourgeois de Paris, confesse avoir fait marché et convenant à M. Philibert de Lorme, abbé d'Yvry, conseiller ordinaire, architecte du roy, commissaire ordonné, et député par ledit sieur sur le fait de l'*effigie* et tombeau du feu roy François, que Dieu absolve, à ce présent, de faire et parfaire, bien et duement comme il appartient au dit d'ouvriers et gens connoissans les ouvrages de basse taille qu'il convient faire en pierre de marbre blanc au stylobastre, entre la corniche et basse d'icelle, autant que contient une face de la moitié de la sépulture dudit feu roy François, pour élever et ériger les histoères de deffaite de la *journée de Cerisoles*, selon la tape de l'histoère des annales et chroniques de France, ladite partie faisant le reste du pourtour de ladite face et en suivant le convenement *jà par lui fait* pour les *figures* de ladite sépulture et tombeau, auquel reste dudit pourtour et face seront faits, sculptez en tailles et élevez lesdites histoères en basse taille de 13 pouces de hauteur, selon la longueur de ladite tare et entre les deux moulures d'icelle, sur un pouce de relief ou environ remplir et garnir de chevalerie, gens de pied, artillerie, enseignes, estandards, trompettes, clérons, tambours, fifres, munitions, camps, pavillon, bagages, villes, châteaux et autres choses aprochans et suivant la vérité historiale de ladite chronique, et pour ce faire, fournir et livrer par ledit Pierre Bontemps les *modèles de terre* de la proportion des *personnages décrits et portraits*. Sous la conduite de tels qu'il plaira ordonner par ledit Philibert de Lorme, faire les profils qu'il appartiendra; faire la taille tant du champ de ladite face que desdites histoères; parachever de blanchir et polir, requérir et fournir tous outils et généralement toutes choses à ce nécessaires pour le regard des ouvriers seulement; et outre ce sera tenu de faire deux statues *en forme de prians*, messieurs les feus dauphin et duc d'Orléans, enfans dudit feu roy, en la sorte qu'ils ont été arrêtés par le modèle; ce marché fait moyennant le prix et somme de 1639 livres, qui lui sera payée par le présent trésorier. Fait et passé et multiplé l'an 1552, le jeudi 6 d'octobre. Ainsi signé : PAYEN et TROUVÉ.

AUTRE.

A M. Pierre Bontemps, sculpteur, la somme de 60 livres, pour faire, parfaire en marbre, tant les figures de *madame la régente*, que celles de feus messieurs le *dauphin* et d'*Orléans*, pour mettre à la sépulture du feu roy François.

AUTRE.

Germain Pilon, sculpteur, demeurant à Paris, confesse avoir fait marché et convenant noble personne M^re^. Philibert de Lorme, abbé d'Yvry, conseiller, aumosnier ordinaire et architecte du roy, commissaire député sur le fait de ses bâtimens et de la sépultule du feu roy François, que Dieu absolve, de faire et parfaire bien et duement pour le roy audit d'ouvriers et gens à ce connoissans *huit figures de fortune en bosse ronde sur marbre blanc*, [1] pour appliquer à la sépulture et tombeau du feu roy, chacune desdites figures de trois pieds de hauteur ou environ, accompagnées ou armées selon leur ordre, ainsi qu'il sera avisé et ordonné par ledit sieur Philibert de Lorme, suivant l'ordonnance et commencement dudit tombeau, et ainsi qu'il sera avisé pour le mieux, et pour ce faire a promis, sera tenu, promet et gage ledit Pilon quérir, fournir et livrer à ses propres coust et despens, peine d'ouvriers et d'aydes, outils de toutes autres choses à ce nécessaires,

---

[1] Bas-reliefs qui ornent la grande voûte du tombeau : *figures de fortune*; le mot *fortune* est employé dans cette occasion à la place d'*allégorie*.

fors et excepté le marbre qu'il conviendra, qui lui sera fourni et livré aux despens du roy, au lieu où il fera lesdits ouvrages, lesquels ouvrages il sera tenu rendre faits et parfaits et polis et bien et duement ainsi qu'il apartient, le marché fait moyennant le prix et *somme de* 1,100 livres que pour lesdits ouvrages de taille et sculpture desdites huit figures en sera baillée et payée audit Pilon, par le trésorier desdits bâtimens et sépulture, ainsi que ledit Pilon fera sesdits ouvrages, lesquels il sera tenu de faire et parfaire, et polir bien et duement au dit d'ouvriers et gens à ce connoissans, comme dit est, le plus tôt que faire se pourra; car ainsi et promettant et obligeant ledit Pilon, comme pour les propres besoignes et affaires du roy, renonçant. Fait et passé, et multiplé le vendredi 10 février 1558. Ainsi signé : DELAVILLE et PAYEN.

AUTRE.

A Catherine Bourienne, veuve de feu Ambroise Perret, la somme de 210 liv. à elle ordonnée par le roy, pour plusieurs ouvrages de marbre pour la sépulture du feu roy François Ier, suivant le marché qu'il en avait fait au défunt M. Philibert de Lorme, abbé d'Yvry, commis sur ce fait des bâtimens du roy, pour avoir taillé quatre figures de basse taille estant ès costez des deux grandes arcades de ladite sépulture,[1] outre les choses qu'il estait tenu de faire par ledit marché.

---

[1] Les quatre bas-reliefs de la grande voûte du mausolée représentent les quatre évangélistes.

AUTRE.

A Pierre Bontemps, la somme de 115 liv. pour ouvrages de *maçonnerie*, [1] et taille de *sculpture* en marbre blanc par lui faits de neuf, à un vase pour le chœur et l'église de l'abbaye de Hautes-Bruyères, où est le *cœur* du feu roi François Ier.

DU COSTUME ET DE LA BARBE SOUS FRANÇOIS IER.

Un accident qui arriva à François Ier, étant à Romorantin, fut cause de la reprise de la barbe et des cheveux courts. Voici ce que dit Mézerai à ce sujet : « François Ier étant à Romorantin en Berri, le jour de la fête des Mages, comme il folâtrait, et que par jeu il attaquait avec des pelotes de neige le logis du comte de Saint-Pol, qui le défendait de même avec sa bande, il arriva malheureusement qu'un tison jeté par quelque étourdi l'atteignit à la tête, et le blessa grièvement, à cause de quoi il fallut couper les cheveux. Or, comme il avait le front fort beau, et que d'ailleurs les *Suisses* et les *Italiens* portaient les cheveux courts et la barbe grande, il trouva cette manière plus à son gré, et la suivit. Son exemple fit recevoir cette mode à toute la France, qui l'a gardée jus-

---

[1] L'on ne doit point s'étonner si l'on trouve ici le mot *maçonnerie;* les sculpteurs, à cette époque, étaient chargés de la maçonnerie nécessaire à la pose des monumens qu'ils exécutaient.

qu'au règne de Louis XIII; et depuis l'on a peu à peu coupé la barbe et laissé recroître les cheveux, tant qu'enfin l'on n'a plus conservé de poil aux joues ni au menton, et que la nature ne pouvant pas fournir de cheveux assez longs à la fantaisie des hommes, ils ont trouvé beau de se faire raser la tête pour porter des perruques de cheveux de femme. »

Les Italiens, qui abondèrent en France sous le règne de François Ier, introduisirent quelques changemens dans le costume; et bientôt, à leur manière, on ajouta au simple pantalon, en usage sous Louis XII, un retroussis d'étoffe plissée, et couverte par bandes lâches d'une couleur différente de celle qui en composait le dessous : ce vêtement se nommait trousse. Le manteau fut raccourci de manière qu'il ne tombait plus qu'aux jarretières. Le chapeau pour les hommes était composé d'une étoffe plissée, très-serrée, soit en velours, en satin, ou en drap. Cette coiffure, en forme de toque, était surmontée par des plumes, et chargée de perles, de pierreries, etc. La soubreveste, unie par-devant, avait aussi des manches bouffantes, et divisées par bandes comme la trousse. Les bourgeois de Paris portaient communément dans les grandes cérémonies de longues robes de velours noir, cramoisi, ou écarlate. Les parlementaires étaient vêtus de robes traînantes de velours noir, fourrées de martre ; ils portaient un chaperon doublé de *menu vair* sur l'épaule, à la manière des docteurs.

Le vêtement des femmes consistait en une robe et un corset assez juste, le tout brodé ou uni, suivant leur dignité : les manches du corset, qu'elles ornaient de perles ou de pierres précieuses, étaient bouffantes et chargées de rubans. Les femmes nobles couvraient, dans les cérémonies, le devant du corps d'un surcot comme dans les siècles précédens. Leur manteau était doublé d'hermine. *Voyez* dans ce Musée les statues de Claude de France, n° 99, celle de Médicis, n° 103, et celle de Catherine de Clermont-Tonnerre, n° 115.

Dans les combats, les cavaliers étaient entièrement couverts d'un vêtement de fer, qui prenait des pieds à la tête, et dont les divisions se rapportaient avec les articulations de l'individu qui le portait ; c'est-à-dire, que les diverses parties qui composaient ce vêtement étaient jointes ensemble par des charnières, et clouées avec tant de justesse, qu'elles s'éloignaient ou se rapprochaient, suivant les mouvemens que voulait faire le cavalier. Cette armure était composée de dix pièces ; savoir, le casque que l'on chargeait ordinairement d'un panache ; le hausse-col servait à joindre le casque à la cuirasse, et facilitait par sa forme les mouvemens de flexion et de rotation du cou ; la cuirasse emboîtait le corps par-devant et par-derrière; elle était aussi composée de deux parties qui passaient les unes sur les autres, ce qui donnait au corps la facilité de se plier. Les épaulières, dont la forme est absolument celle d'un deltoïde, couvraient entièrement le haut du bras; elles tenaient par-derrière à une autre pièce de fer qui couvrait l'omoplate, et qui en avait presque la forme. Les brassarts, composés de plusieurs tuyaux, enveloppaient le bras et l'avant-bras, et venaient se perdre au poignet, qui lui-même était recouvert de l'extrémité du gantelet qui enveloppait les doigts; l'intérieur du gantelet était de cuir ou de peau. Les tassettes étaient quantités de petites lames de fer et mobiles, qui tournaient autour du corps, et qui tombaient sur le haut des cuisses, à la manière de la trousse. Les cuissarts couvraient les cuisses seulement par-devant; le derrière était en cuir, les genouillères emboîtaient la rotule et couvraient entièrement les genoux. Enfin les grèves, ou armures de jambe, couvraient entièrement le fémur et le dessus du pied, et laissaient également les gémeaux ou le derrière de la jambe libre, qui se trouvait seulement couverte d'une pièce de cuir ou de peau de buffle. On conçoit aisément combien un cavalier, ainsi chargé de fer, avait de peine à se relever, lorsqu'il tombait de cheval. *Voyez* dans le Musée la statue d'Anne de Montmorency, nº 450, et les bas-reliefs du tombeau de François Ier, et dans le Musée des armures anciennes, rue Saint-Dominique, maison des Jacobins, la belle collection des armes du seizième siècle, qui y ont été réunies par les soins du citoyen Resnier. [1]

Les chevaux de bataille portaient aussi des armes défensives; ils étaient couverts d'une grande couverture de cuir, décorée d'armoiries ou d'autres ornemens; leurs têtes étaient coiffées d'un masque de fer, armé d'une longue pointe aussi de fer, placée sur le front, en forme de corne. *Voyez* les bas-reliefs du tombeau de François Ier. Suivant Colmar, les casaques dont on affublait les chevaux de guerre étaient de fer. *Hi equi cooperti fuerunt, coopertoriis ferreis, id est veste ex ferreis circulis contexta.* Mais il est certain que la pesanteur et l'incommodité que présentait ce vêtement dans la manœuvre des chevaux l'ont fait abandonner pour celui de cuir.

Suivant Brantôme, les *Lansquenets,* dont nous avons parlé plus haut, étaient des troupes alle-

[1] Le ministre de l'intérieur, qui saisit avec empressement tout ce qui peut être utile aux arts, m'a autorisé à mouler les casques, les boucliers et les cuirasses de cette belle collection, pour en déposer des archétypes dans ce Musée.

mandes, qui furent incorporées avec les Suisses par Charles VIII. « La plus part, dit cet auteur, « étaient gens de sac et de corde, méchans gar- « nemens échapes de la justice, et sur-tout force « marqué de fleurs-de-lys sur l'épaule ou *éssoreil- « les,* [1] et qui cachaient les oreilles, à dire vrai, « par longs cheveux hérissés, barbes horribles; « tant pour cette raison, que pour se montrer ef- « froyables à leurs ennemis. »

N° 100.

DES CÉLESTINS.

Martine Maigné a fait ériger le monument que nous voyons ici, en 1556, à Charles Maigné son frère, capitaine des gardes de la porte de Henri II. *Cubicularius*, gentilhomme de la chambre. Cette charge, suivant Ducange, est très-ancienne; les rois des premières races, à l'imitation des empereurs, avaient des gentilshommes de la chambre, sous le nom de *cubicularii*. Cette statue, d'un beau caractère et d'un travail précieux, a été exécutée en pierre de liais, par Paul Ponce. Le cavalier Bernin, lors de son voyage à Paris, fit l'éloge de cette statue.

J'ai placé dans le piédestal de ce monument

[1] Oreilles coupées, supplice du temps pour vol, etc.

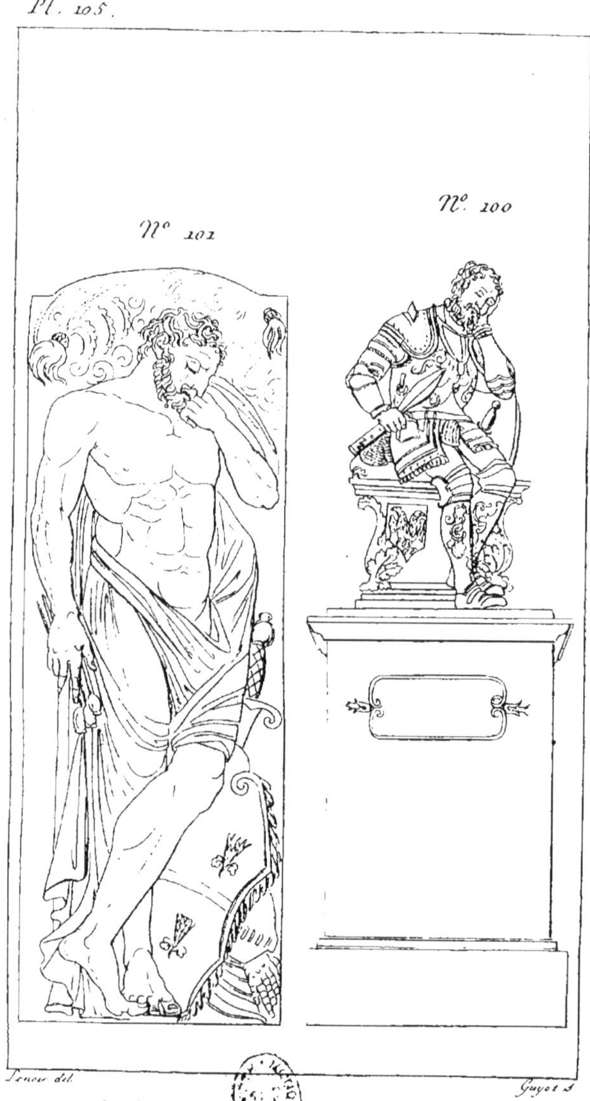

Lenoir del. Guyot s.

Charles Maigneu et André Blondel.

l'épitaphe ovale dont il était chargé; elle peut servir à détruire une erreur répétée dans le plus grand nombre des descriptions que l'on a données à différentes époques des monumens de Paris. *Maigneus* y est traduit par *Charlemagne*. Le citoyen Millin, membre du conseil de la Bibliothèque Nationale, relève ainsi cette erreur dans son ouvrage sur les antiquités nationales. Piganiol de la Force, dit-il, tom. IV, pag. 242 de sa Description de Paris, l'appelle Maigné ou Maigni. Cependant il n'y a pas de doute qu'on ne doive traduire *Maigneus* par Maigné. L'erreur vient de ce que Piganiol écrit ce mot par un *ae;* il oublie aussi l'*i* avant le *g*. Dubreuil, Beurrier, Hurtaut, etc., ont copié cette inscription avec la même inexactitude, d'autres en ont fait *Charlemagne*.

Voici l'inscription telle qu'elle est figurée sur ce monument :

CAROLV̄. MAIGNEV̄. AVRATV̄. EXCVBIARV̄. PORTÆ.
REGIÆ. PRÆFECTV̄. REGIS. QZ. CVBICV
LARIV̄. MARTINNA. MAIGNEA. SOROR. SVA.
PIISS. IN. SPE. RESVRRECTVRI. CORPORIS.
HOC. TVMVLO. POSTERITATI. COMENDAVIT. 1556.

N° 101.

DE SAINT-MAGLOIRE.

Un bas-relief en bronze, représentant le repos. Le dieu du sommeil, sous la figure d'un vieillard, est posé debout, tenant d'une main des pavots, tandis que sa tête, négligemment penchée, est soutenue par son bras gauche; quelques armures sont groupées dans le bas de ce beau relief, exécuté, en 1560, par Paul Ponce.

Ce monument fut érigé à André Blondel, seigneur de Rocquencourt, intendant des finances, par sa veuve. Blondel dut sa fortune à son mérite personnel, et sur-tout à Diane de Poitiers. Ronsard a fait plusieurs morceaux de poésie en son honneur.

N° 102.

DE SAINT-DENIS.

Le tombeau des Valois, d'ordre composite, orné de douze colonnes et de douze pilastres de marbre bleu turquin: ce monument, exécuté sur les dessins de Philibért de Lorme, [1] porte quatorze pieds de haut, sur dix de large, et douze et demi de long: les angles du monument sont ornés de quatre figures en bronze, représentant les vertus cardinales.

Les corps de Henri II et de Catherine de Médicis y sont représentés en marbre blanc, dans

[1] Primatice, appelé à la place d'intendant des bâtimens du roi, après la mort de Pilibert de Lorme, décédé en 1577, fit achever le tombeau de Henri II, commencé par son prédécesseur.

Pl. 106.

N° 102.

[illegible] del.

Tombeau de Henri II.

Pl. 107. Nº. 102.

Lenoir del. Guyot Sc.

Bas Relief du Tombeau de Henri II.

Pl. 108. Nº. 102.

Lenoir del. Guyot sc.

Bas-Relief du Tombeau de Henri II.

Pl. 109 | N°. 102.

Lenoir del. | Guyot Sc.

Bas-Relief du Tombeau de Henri II.

Pl. 110 N° 102.

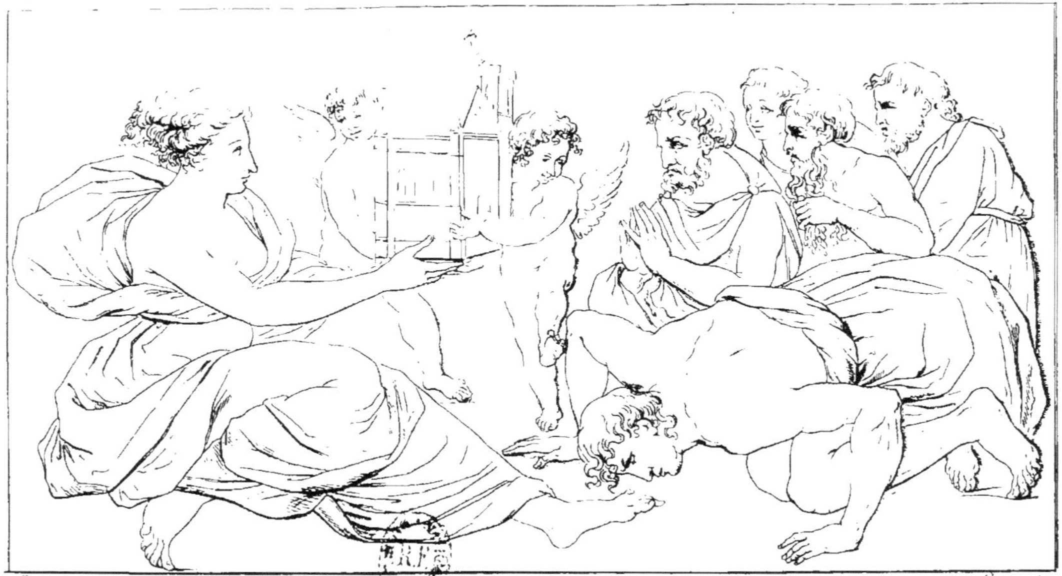

Lenoir del. Guyot S.

Bas-Relief du Tombeau de Henri II.

Pl. III. N.º 102 (ter)

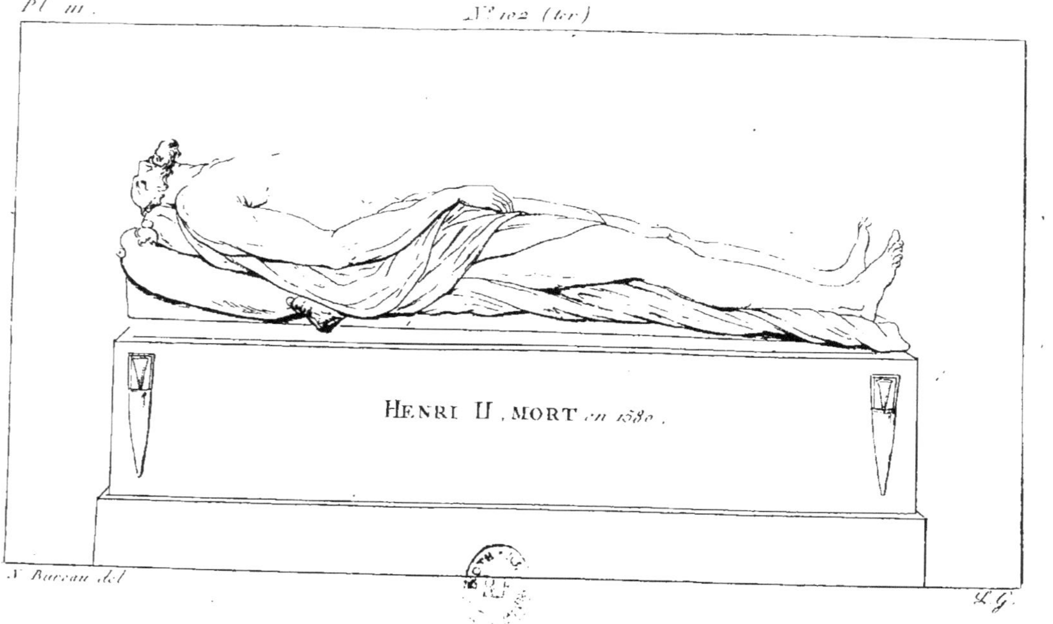

N. Bureau del. L. G.

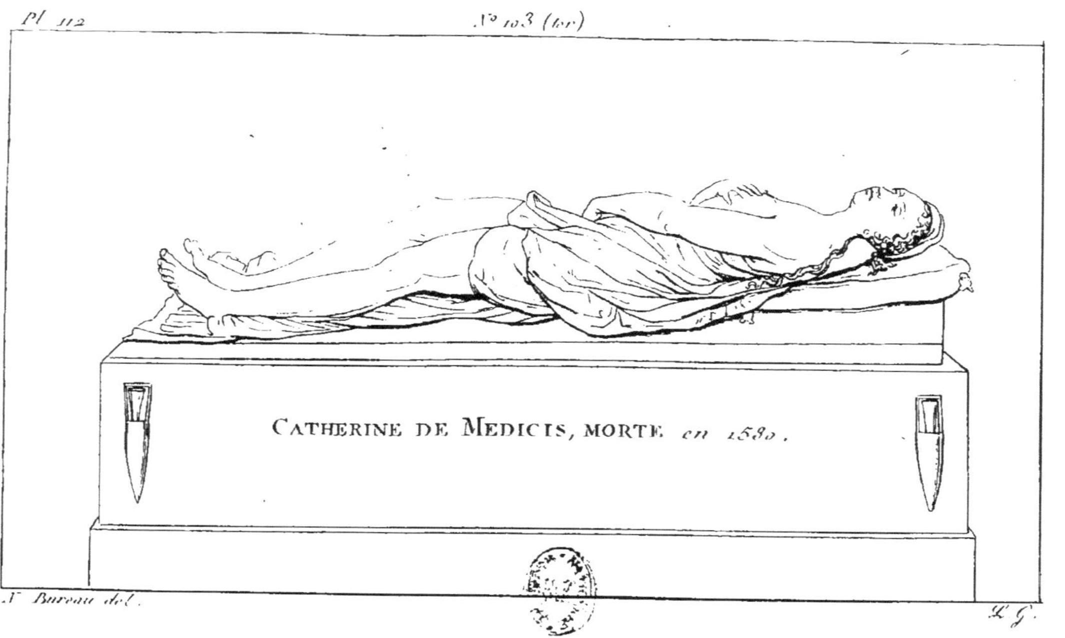
Pl. 112
N° 103 (ter)
CATHERINE DE MEDICIS, MORTE en 1590.
N. Bureau del.
L. G.

leur état de mort, couchés comme sur un lit. Leur auteur y a transmis avec infiniment d'art un sentiment profond de sensibilité qui attendrit le spectateur. Les statues en bronze de Henri II et de Médicis, vêtus en habit de cérémonie, et à genoux devant des prie-dieu qui sont placés au dessus de l'entablement, sont du même sculpteur, ainsi que les quatre bas-reliefs représentant la Foi, l'Espérance, la Charité et les Bonnes-œuvres, qui sont placés dans le soubassement. L'artiste a représenté la Charité nue, voulant exprimer que cette femme, après avoir donné ses vêtemens pour couvrir des malheureux, il ne lui reste plus que son sein; elle l'offre, et se laisse teter par deux enfans à la fois.

Ce fut Catherine de Médicis qui entreprit de bâtir ce magnifique monument, peu après la mort de Henri II; elle en donna l'exécution à Germain Pilon, son sculpteur particulier, et voulut être représentée nue, et comme endormie auprès de son mari. Cet artiste célèbre, l'un des fondateurs de l'école française, a été au-dessus de lui-même dans la composition de ces morceaux, qui sont autant de chefs-d'œuvres; il a su allier avec adresse la sévérité du style de Michel-Ange à la grace de Primatice, qui dirigeait alors les arts dépendans du dessin.

La gravure suivante nous représente, sous le nº 103, les statues couchées de Henri II et de

Catherine de Médicis, en habits de cour, exécutées en marbre par Germain Pilon. On trouve de la vérité dans le portrait de Médicis, et des beautés dans les détails de son vêtement.

MÉMOIRES DE LA CHAMBRE DES COMPTES.

Sépulture du feu roi HENRI *dernier décédé que Dieu absolve, de l'ordonnance du sieur de Bologne (Primadicis) abbé de Saint-Martin.*

Sculpteurs. A Germain Pilon sculpteur du roy la somme de 3,172 liv. 4 sols en plusieurs articles, de l'ordonnance de M. Primadicis de Bologne abbé de Saint Martin pour ouvrages de sculpture, tant de marbre que de bronze pour servir à la sépulture du feu roy Henry. Savoir deux gissants en marbre blanc, quatre tableaux en basse taille (bas-reliefs), deux prians de bronze (le roy et la reine à genoux chacun devant un prie dieu) quatre figures de fortune aussi de bronze, ainsi que les marques qui ornent ladite sépulture; le tout suivant le convenement fait avec ledit abbé de Saint Martin.

Ouvries besognans à gages.

A François Lerambert, laisné conducteur de ladite sépulture pour taille de plusieurs colonnes, basses, chapiteaux, corniches et autres pieces de pierre de marbre à raison de 20 liv. 16 s. 8 d. par mois. A Louis Lerembert le jeune pour lesdits ouvrages à raison de 15 liv. par mois. A Marin Lemoine *idem.* A Jean Pometart *idem.* A François Saillant *idem.*

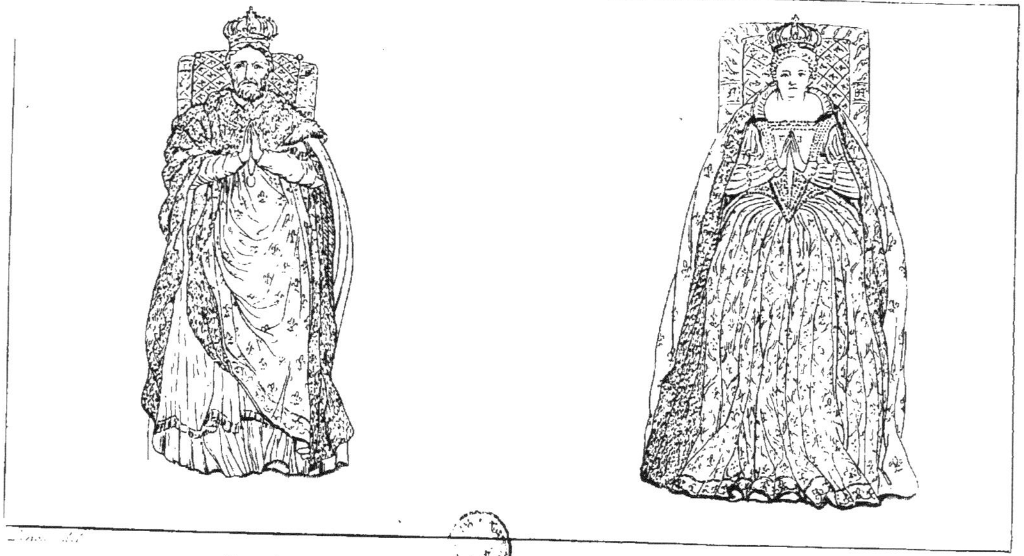

Henri II. et Catherine de Medicis en habit de Cour.

Pl. 114. N.° 104.

Percier del.

Monument érigé à François II.

A Leonard Giroux *idem*. A André Sayé maistre maçon la somme de 565 liv. 6 s. 2 d. à lui ordonné par ledit abbé de Saint-Martin pour ouvrages de maçonnerie par lui faits à l'hostel de Nesle pour mettre à couvert les scieurs de marbre pour ladite sépulture. A Merry Carré maistre polisseur, la somme de 300 l. pour avoir poli plusieurs colonnes, basses, chapiteaux, corniches et autres pieces de marbre pour ladite sépulture.

N° 104.

DES CÉLESTINS.

Une colonne en marbre blanc, d'ordre composite, haute de neuf pieds six pouces; diamètre, douze pouces six lignes, érigée à la mémoire de François II, mort en 1561, dont elle a dû porter le cœur dans un vase de bronze qui a été fondu, posée sur un piédestal triangulaire d'une forme peu agréable. Cette colonne, exécutée sur les dessins de Primatice, par Ponce Jacquio, [1] est char-

---

[1] Il ne faut pas confondre Ponce Jacquio avec Paul Ponce, auteur du Tombeau de Louis XII. On lit dans les Mémoires de la Chambre des Comptes la note suivante :

Payé à Ponce Jacquio *Imager* la somme de 125 liv. à luy ordonnée par le sieur *Primadicis* sur ce qui lui est deu pour des ouvrages de son art par lui faits à la sépulture du feu roy *François second*.

gée de flammes, par allusion à la devise, *lumen rectis*, qu'avait prise ce prince. Trois génies, éteignant le flambeau de la vie, accompagnent cette belle colonne.

On lit sur chacune des trois faces une des inscriptions qui suivent :

PREMIÈRE FACE.

Cor regis in manu Dei.

Hoc oraculo dignum fuit cor Franscisci II. Regis Christianissimi ; in urnâ columnæ superpositâ conclusum tanto veræ fidei assertori, generosam Christi martyrem, Mariam Stuart conjugem habuisse quâdam fuit veræ immortalitatis assertio.

SECONDE FACE.

Lumen rectis.

Tale fuit emblema hieroglyphicum Francisci II. piissimi Francorum Regis, cujus cor hic situm est. Hic, instar igneæ columnæ Israeli noctu prælucentis, rectitudinem, et pro avitâ religione flagrantem zelum, adversus perduelles hæreticos semper præsetulit.

TROISIÈME FACE.

D. O. M.

Ei perenni memoriæ.

Francisci II. Francorum Regis, Carolus nonus ejus in regno successor suadenti reginâ matre Catharinâ, hanc columnam erigi curavit, anno salutis 1562.

François II, fils de Henri II et de Catherine de Médicis, monta sur le trône à l'âge de 17 ans : son règne de peu de durée fut très-orageux ; faible par caractère, et trop jeune encore pour conduire le vaisseau de l'état, il favorisa l'ambition des Guise, ses oncles, en leur laissant prendre un pouvoir presque absolu. Bientôt les guerres de religion s'allumèrent, et l'on vit la France couverte de sang, d'échafauds et de bûchers. La funeste conjuration d'Amboise, qui eut lieu en mars 1560, fut le signal de la guerre civile, sourdement attisée par le cardinal de Lorraine et François de Guise. Ce roi, sans vice ni vertu, mourut sans être regretté ; dans les derniers instans de sa vie, il fut abandonné de ses parens et de ses amis ; il ne se présenta pas même un de ses courtisans pour accompagner son corps jusqu'à Saint-Denis : aussi trouva-t-on cette inscription sur son cercueil : *Tanegui Duchâtel, où es-tu ?* [1] « Tous les grands de la cour étaient si occupés à songer à leurs propres affaires, que ni

---

[1] Taneguy, comme l'on sait, ayant été banni de la cour du roi Charles VII, auquel il devait en partie sa fortune, y était revenu généreusement pour faire les funérailles de ce roi à ses propres dépens, témoignant plus de reconnaissance des bienfaits qu'il en avait reçus, que de crainte des ressentimens de Louis XI, ennemi mortel de la mémoire et des serviteurs de son père.

sa mère ni ses oncles ne prirent aucun soin de ses funérailles. Les Guise s'excusèrent de ne l'avoir pu accompagner, sur le besoin qu'ils avaient de demeurer auprès de la jeune reine leur nièce pour la consoler. (Mézerai, tom. III. pag. 78.)

N° 456.

DE SAINT-CLOUD.

Une colonne torse, en marbre campan isabelle, d'ordre composite, ornée de feuilles de lierre, de palmes et de chiffres enlacés, représentant dans leur milieu une H, haute de neuf pieds, exécutée par Barthélemy Prieur, dans un seul bloc, et érigée à Henri III par Charles Benoise, son secrétaire particulier, qui l'avait fait élever dans l'église paroissiale de Saint-Cloud, où l'on avait déposé le cœur de ce prince en mémoire de son assassinat par Jacques Clément, le 2 août 1589. Le vase qui contenait ce cœur a été détruit entièrement; je l'ai remplacé par un génie en marbre blanc, qui brûle un poignard avec son flambeau qu'il tient renversé. Cette figure, ajustée pour ce monument, est aussi de la main de Prieur.

Adsta viator, et dole regum vicem. [1]
Cor regis isto conditum est sub marmore,

---

[1] Cette épitaphe ne fut placée publiquement qu'après que Henri IV eut fait cesser les troubles internes qui désolèrent la France.

Pl 114 (bis) Nº 456

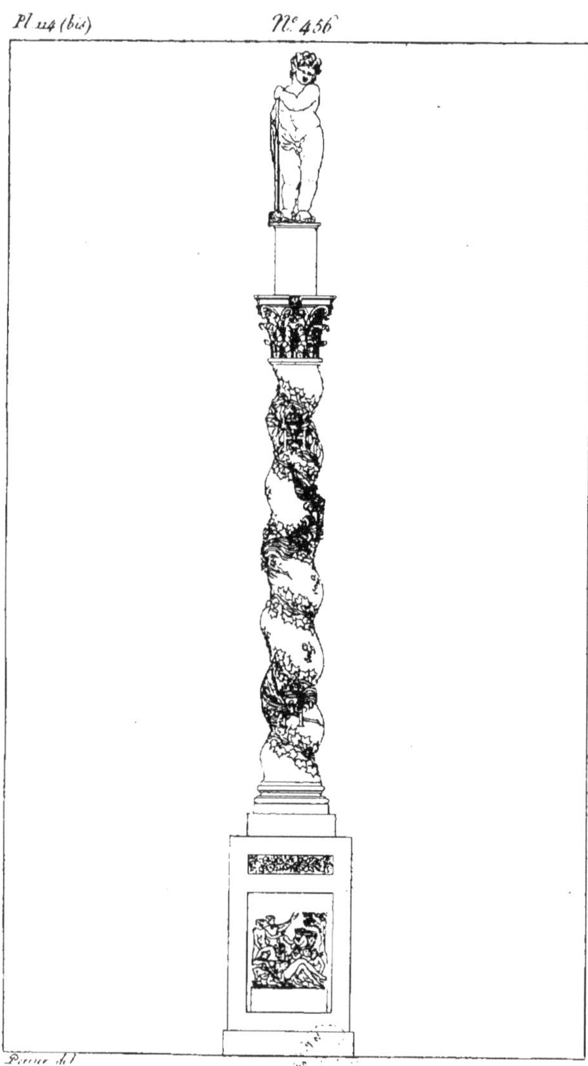

Perrot del.

Monument érigé à Henri III.

Qui jura Gallis Sarmatis jura dedit,
Tectus cucullo hunc subtulit sicarius.
Abi viator, et dole regum vicem.

Ce monument, d'un travail soigné, et dont l'exécution présente de grandes difficultés vaincues, avait été vendu avec le domaine qui le renfermait ; j'ai cru devoir l'acquérir, non seulement comme objet précieux sous le rapport de l'art, mais principalement comme monument indispensablement nécessaire à la collection que j'ai formée. J'ai placé dans le piédestal de campan isabelle, exécuté sur mes dessins, deux frises de fruits, composées d'agate et de pierres précieuses que j'ai achetées, ainsi que les deux bas-reliefs qui garnissent les principales faces du monument. Le premier, qui est sculpté par Jean Gougeon, représente *la Mort* et *la Résurrection*, allégoriquement exprimées par une nymphe profondément assoupie : sur le devant de la scène, et près d'elle, est placé un génie qui renverse le flambeau de la vie, tandis que derrière elle on voit des Faunes, des Satyres et des Dryades, symbole de la fécondité, de la régénération, de l'immortalité enfin, former un concert mélodieux de leurs instrumens. L'autre bas-relief, de la même époque, est une imitation de l'antique ; il représente Apollon et Marsias.

La jeunesse de Henri III, roi de France et de Pologne, fut heureuse, et donnait les plus grandes espérances; dès l'âge de 18 ans, il se distingua dans les armées. Ses victoires à Jarnac et à Moncontour, en 1569, lui acquirent une si grande réputation, que les Polonnais, en 1573, le choisirent pour leur roi après la mort de Sigismond Auguste. Cependant, vers la fin de 1574, il revint en France pour monter sur le trône qui se trouvait vacant par la mort de Charles IX son frère. Henri III, d'un caractère d'esprit incompréhensible, suivant de Thou, en certaines choses au-dessus de sa dignité, en d'autres, au-dessous même de l'enfance, ne put soutenir long-temps l'éclat de sa réputation; livré à la mollesse, [1] aux plaisirs et à toutes sortes de débauches avec ses favoris, Quélus, Maugiron, Saint-Mégrin, Saint-Luc, Joyeuse et Lavalette. Il abandonna les rênes de l'état, qui fut bientôt déchiré par les différens partis auxquels il donna naissance, autant par faiblesse que par indolence. Le roi de Navarre et le prince de Condé prirent parti pour les Protestans que l'on voulait réduire. Henri duc de Guise, de concert avec le pape et le roi

[1] Il vivait dans la mollesse et dans l'afféterie d'une femme coquette; il couchait avec des gants d'une peau particulière pour conserver ses belles mains; il mettait sur son visage une pâte préparée, et une espèce de masque par-dessus.

d'Espagne, forma la fameuse ligue des catholiques, sous le nom de *la Sainte Ligue.* Le roi, lui-même, au lieu d'éteindre ces foyers de discordes qui devaient nécessairement entraîner sa perte et celle de l'empire, espérant faire diversion, se mit à la tête d'un parti qu'il opposa aux autres, sous le nom de *parti des politiques.* Aussi, appelait-on cette guerre, *la guerre des trois Henris.* Il est inutile de rappeler tous les désordres auxquels une conduite aussi inconsidérée donna lieu ; il nous suffira de rapporter ici ce que dit le président Henault au sujet de ce roi sans caractère, qui périt de la main d'un prêtre, et victime de la *Sainte Ligue*, dont il avait fini par prendre le parti. « La ligue dont il fut la victime est peut-« être (dit l'historien) l'événement le plus sin-« gulier qu'on ait jamais lu dans l'histoire ; et « Henri III le prince le plus mal-habile, de n'avoir « pas prévu qu'il se mettait dans la dépendance « de ce parti, en s'en rendant le chef. Les protes-« tans lui avaient fait la guerre comme à l'ennemi « de leur secte ; et des ligueurs l'assassinèrent à « cause de son union avec le roi de Navarre, chef « des huguenots. Suspect aux catholiques et aux « huguenots par sa légèreté, et devenu méprisable « à tous par une vie également superstitieuse et « libertine, il parut digne de l'empire, tant qu'il « ne régna pas. »

La gravure suivante, que l'on voit sous le n° 456 (*bis*), est celle des mausolées qui furent élevés dans l'église de Saint-Paul de Paris, en 1579, par ordre de Henri III, qui en fit les frais pour la mémoire de ses amis particuliers Maugiron, Saint-Mégrin et Quélus, avec lesquels il se livrait communément à toutes sortes de débauches.

Maugiron, âgé de 18 ans, et Quélus de 24, moururent des suites d'un duel, qui se passa le 27 avril 1578, entre eux et Livarot, contre d'Entragues, Ribrac et Schomberg. Ce dernier et Maugiron furent tués sur la place; Ribrac, blessé à mort, fut porté chez lui, où il mourut le lendemain. Livarot reçut un coup de pommeau d'épée sur la tête, tel qu'il resta pour mort, et dont il ne fut guéri qu'un mois après; d'Entragues fut légèrement blessé. Quélus, blessé de dix-neuf coups, mourut entre les bras de Henri III, après avoir langui trente-trois jours; enfin il expira, et ses derniers soupirs furent pour son amant; il s'écria: Ah! mon roi! mon cher roi!..... Henri le pleura amèrement. Après s'être jeté sur son cadavre à plusieurs reprises, et l'avoir étroitement embrassé chaque fois, il lui coupa sa chevelure blonde, et l'enferma dans un bijou qu'il portait constamment.

Ces trois monumens parfaitement semblables,

Pl. 115. N° 456 (bis)

Germain Pilon del.

Mausolée de Quelus et Saint Megrin.

Lenoir inv.t Percier Sculp.

Tombeau de Jean Goujon, Sculpteur célèbre.

et exécutés en marbre précieux par Germain Pilon, furent détruits à la suite d'une émeute populaire qui eut lieu environ dix ans après leur érection.[1] Sur celui de Quélus, on lisait ce qui suit :

Il ne put souffrir un outrage, et souffrît constamment la mort.

N° 107.

Monument érigé à la mémoire de Jean Gougeon, architecte et sculpteur de l'école française, né à Paris en ....., et tué d'un coup d'arquebuse en travaillant au Louvre sur son échafaud, le 24 août 1572, jour de la Saint-Barthélemy. (Il était calviniste.)

Ce sculpteur, le plus habile qui ait paru en France, avait obtenu le titre glorieux de *Phydias* et de *Corrége français.* Tout ce qui est sorti de son ciseau est admirable. On remarque, entre autres ouvrages, la fontaine des Innocens, composée de bas-reliefs représentant des Nymphes, le triomphe de Vénus, d'Amphitrite, etc. Au Louvre, dans la salle de l'Institut, quatre figures ca-

[1] Ayant été à même de me procurer le dessin original que fit Germain Pilon, pour l'exécution de ces trois monumens, j'ai pensé que la gravure de ce dessin ne serait pas déplacée dans cette collection.

riatides et colossales soutenant une espèce de tribune. Dans l'intérieur du vieux Louvre, plusieurs figures de bas-relief dans le goût de celles qu'il a exécutées à la fontaine des Innocens, dont la première pierre fut posée en 1550. A l'hôtel de Carnavalet, rue Culture-Sainte-Catherine, des bas-reliefs représentant deux lions, des victoires et des renommées; et dans ce Musée un bas-relief du plus beau travail et du dessin le plus correct, représentant le Christ au tombeau. Les Grecs n'ont rien produit de plus parfait. *Voyez* le n° 112 *(bis.)* Tout est réuni dans ce morceau, que des maladroits avaient mis en couleur, et que j'ai fait restaurer.

Pour honorer la mémoire d'un artiste qui a illustré la France dans le siècle des beaux arts, j'ai cru devoir lui ériger un monument. Puisse-t-il durer aussi long-temps que son nom! C'est le vœu des artistes en état d'apprécier ses savantes productions.

Pour la composition de ce monument, j'ai employé les ouvrages de Jean Gougeon même; et l'on voit de sa main deux nymphes qui accompagnent son buste, représentant la victoire et la paix. Ces bas-reliefs sont des modèles de ceux qu'il a exécutés au Louvre; celui que l'on remarque plus bas est de la fontaine des Innocens. Le buste en marbre de Jean Gougeon, placé dans un encadrement circulaire, a été modelé par Michallon,[1] d'après une médaille fondue du temps de ce sculpteur ; elle est revêtue de cette légende : *A. J. Gougeon, sculpteur français.*

---

[1] *Lettre du directeur général de l'instruction publique, en date du 3 frimaire an VI, au cit. Lenoir, conservateur du Musée des Monumens Français, relativement à l'exécution du buste de Gougeon, dont il lui a présenté le modèle.*

« Le buste que vous m'avez envoyé, citoyen, « prouve autant votre zèle pour l'art et la sagacité de « vos recherches, que le talent du citoyen *Michallon.* « Lorsque j'aurai le plaisir de vous voir, je serai très- « curieux d'apprendre par quels moyens, n'ayant pas « de portrait de *Jean Gougeon*, vous avez pu vous « assurer des principaux traits de sa physionomie « d'une manière assez certaine pour qu'il en résulte « un portrait qui ait ainsi tous les caractères de la res- « semblance. L'artiste vous a parfaitement secondé : « il y a dans cette figure de la vie et de la médita- « tion. Les accessoires, je veux dire les cheveux et « la barbe sont du meilleur goût, ainsi que le cos- « tume. Enfin, c'est un ouvrage qui me paraît devoir « faire beaucoup d'honneur au citoyen *Michallon*, « déjà si avantageusement connu des amis des arts. « Il est du nombre de ceux de nos artistes qu'il est « du devoir du gouvernement d'encourager et de ré- « compenser. C'est ce qu'il fera sans doute dès que « les circonstances le permettront : je me trouverais « très-heureux de pouvoir y contribuer, en rappelant

N°s 253 et 454.

Les monumens qui suivent furent érigés à la mémoire de deux artistes célèbres, Jean Cousin et Germain Pilon. [1]

Le premier est composé de deux figures d'albâtre, exécutées de la main de Cousin; on lit au bas l'inscription suivante :

A la mémoire de Jean Cousin, peintre et sculpteur, fondateur de l'école Française, mort en 1550.

Le second, érigé à Pilon, est orné de deux figures en marbre, la Sculpture et la Prudence, et d'un bas-relief en bronze, représentant le Christ au tombeau, aussi de la main de ce sculpteur. Voici son inscription :

A la mémoire de Germain Pilon, sculpteur de l'école Française, mort en 1590.

« son attention sur ceux qui sont le plus capables d'ho-« norer notre république par leur talent et leur pa-« triotisme. »

Salut et fraternité, *Signé* GINGUENÉ.

Nota. Cet artiste a terminé sa carrière par une chûte qu'il fit en travaillant au théâtre de la République, le 20 fructidor an VII.

[1] Ces deux monumens ont été exécutés sur mes dessins.

Pl. 117.

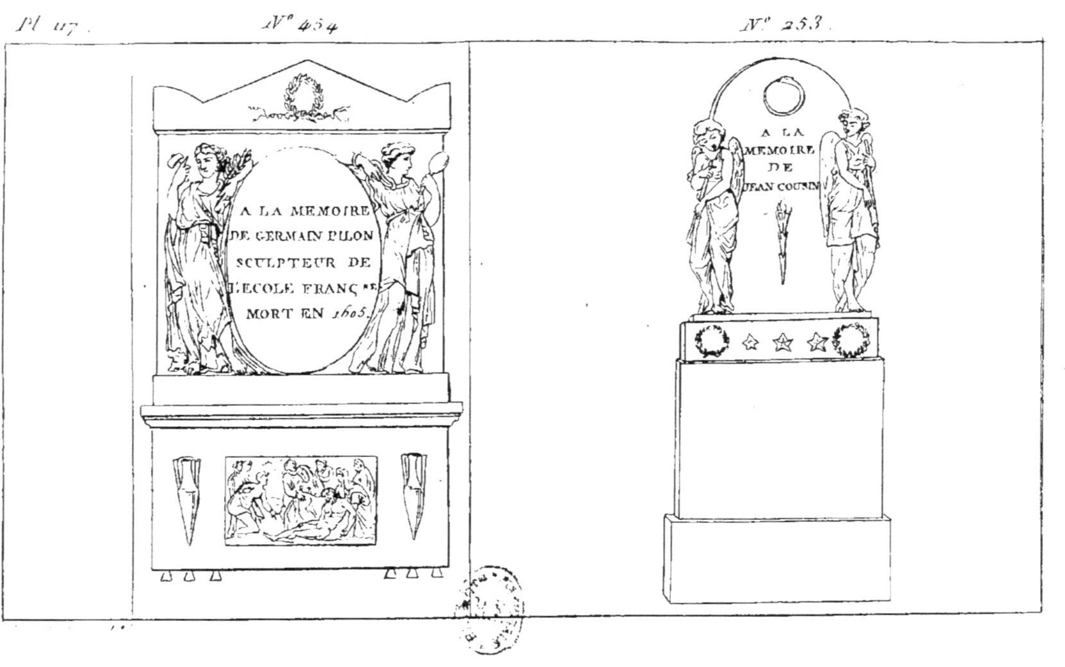
N° 454
A LA MEMOIRE
DE GERMAIN PILON
SCULPTEUR DE
L'ECOLE FRANÇ.SE
MORT EN 1605.
N° 253.
A LA
MEMOIRE
DE
JEAN COUSIN

Jean Cousin, peintre, sculpteur, géomètre, anatomiste célèbre, est né à Soucy, près Sens, en 1462, et est mort vers 1550. Il a peint pour les Minimes de Vincennes un tableau du Jugement dernier. Ce tableau précieux, que l'on met en parallèle avec celui de Michel-Ange, se voit au Musée de l'école française à Versailles; il a été gravé par Pierre de Jode. Dans ce Musée, on voit de ce peintre les belles vitres du château d'Anet, placées dans la chapelle sépulcrale de François Ier, et celles de Vincennes dans la salle du seizième siècle. [1] Il a sculpté aussi la statue de l'amiral Chabot, qui se voit dans la même salle. (*Voyez* le nº 98.)

Germain Pilon, sculpteur et architecte, mort à Paris en 1590, a produit un nombre considérable de beaux monumens, dont les plus précieux sont réunis dans ce Musée. Cet artiste est plus connu comme sculpteur que comme architecte; Paris et Solème se disputent l'honneur de lui avoir donné la naissance. Les notices suivantes serviront sans doute à fixer les idées sur la véritable patrie de ce sculpteur, qui a illustré l'école française.

---

[1] On trouvera dans le dernier volume de cet ouvrage, à l'article de la Peinture sur verre, la description et les gravures de ces beaux vitraux.

Notices sur Germain Pilon. [1]

L'insouciance et l'inexactitude des contemporains de Germain Pilon ont jeté un voile épais sur l'époque précise de sa naissance, ont causé quelques doutes sur le lieu qui l'a vu naître, et des variations sur la date de sa mort. Il est bien vengé de cette injustice faite à sa mémoire, par les ouvrages qui nous restent de lui, et qui prouvent qu'il était un de ces hommes destinés à tirer les arts de la barbarie, et à donner à la sculpture l'empreinte du beau et de l'antique. Une partie qui, sans contredit, est la meilleure de ses ouvrages, embellit le Musée des monumens français; mais l'autre partie que nous possédons dans notre département, ou que nous avons possédée, et qu'il a travaillée dans sa jeunesse, pourra me servir à répandre quelques lumières sur l'histoire de cet artiste, né à Loué, quoi qu'en disent tous les

---

[1] *Le citoyen Renouard, Bibliothécaire près l'Ecole Centrale du département de la Sarthe, au citoyen Lenoir, administrateur du Musée des Monumens Français.*

« Je m'empresse de remplir, avec le plus vif in-
« térêt, la promesse que je vous ai faite à Paris de
« vous transmettre quelques notices biographiques sur
« Germain Pilon, et des renseignemens sur le lieu
« de sa naissance, etc. »

dictionnaires. Je ne me propose pas seulement d'établir cette opinion, qui me paraît la plus vraie, mais encore je me fais un devoir et un plaisir tout à la fois de vous en faliciter l'examen, par l'exposé de tous les témoignages et citations capables d'affaiblir même les raisons qui m'auraient déterminé. On utilise les discussions historiques, on leur ôte les épines ou l'ennui de l'érudition, quand on n'a pour objet que la vérité, qu'on n'atteint point sans un scepticisme raisonné et raisonnable.

Le premier qui ait avancé que Germain Pilon était né à Paris, est François Grudé de la Croix du Maine, que les bibliographes ses successeurs, d'âge en âge, d'édition en édition, ont copié servilement, sans examen, sans critique, suivant l'usage des compilateurs et compagnie. A l'assertion de cet auteur inexact et infidèle dans bien des articles de la bibliothèque française, j'opposerai la tradition constante de notre pays; 2° l'existence permanente de la famille de Germain Pilon dans la commune de Loué, jusqu'à présent; 3° les premiers essais de son ciseau créateur, qu'il a laissés dans notre département, et qui sont comme le prélude de la célébrité qu'il a acquise à Paris, où il vint fixer son séjour, ses travaux et sa gloire. C'est dans ces monumens qui nous restent, c'est par ces monumens que je m'efforcerai de deviner en quelque sorte sa vie, d'en éclaircir et fixer, autant qu'il sera possible, les différentes époques, malgré les inexactitudes ou le silence des historiens. Mais, avant d'aborder ce genre de preuves, je dois, pour vous mettre mieux à portée de juger mon opinion, rassembler sous vos yeux les extraits des auteurs imprimés et manuscrits qui ont parlé de Germain Pilon.

Citations relatives à Germain Pilon.

« Germain Pilon, Parisien, issu du pays du Maine, car son père était né de la paroisse de Loué, à six lieues du Mans, qui était aussi la naissance d'Abel Foulon; Pilon est un des plus excellens statuaires de Paris, voire de toute la France, comme il se voit par tous ses ouvrages, tant à Paris qu'en divers lieux de la France, tant ingénieusement élabourés. Je desirerais qu'il voulût mettre en lumière les secrets de sa science, pour servir à ceux qui font profession de cet art. Il florit à Paris, cette année 1584. » (Bibliothèque française par la Croix du Maine, pag. 122, édit. de Paris, in-fol. 1588.)

« Pendant le pontificat de Jean du Bellai (depuis 1546 jusqu'en 1556) notre province, (le Maine) a donné à la France, trois hommes aussi célèbres en leur profession, qu'elle en ait jamais produit. Le premier était Germain Pilon, originaire de Loué, un des plus insignes sculpteurs qui ayent jamais été, et qui, par l'excellence de ses œuvres, quoique périssables, a acquis un nom immortel. Le second se nommait Abel Foulon, aussi natif de Loué, ingénieur de Henri II; et le troisième s'appelait Pierre Belon, né près Soulle Tourte. » (Histoire des évêques du Mans, par Corvaisier, p. 836, Paris, cramoisi, 1648, in-4°.)

« Le couvent de Soulesme (près Sablé, dans le Maine) est célèbre par des statues admirables, appelées vulgairement les saints de Soulesme. Le nom du statuaire qui les a faites n'est pas venu à ma connaissance. Du temps où elles ont été faites, il y avait en France un excellent statuaire, nommé Germain Pilon, né à Paris, mais originaire du Maine, et d'un lieu qui n'est pas fort éloigné de Soulesme: car *son père était de Loué*. *Voyez* la Croix du Maine dans sa Bibliothèque. (*Voyez* aussi comme Ménage est son copiste.) Ne serait-ce point ce Germain Pilon qui les aurait faites? Quoi qu'il en soit, c'est Jean Bougler, dernier prieur régulier du couvent de Soulesme, qui les a fait faire. Ce Jean Bougler était de la ville du Mans; il mourut en 1553, qui est l'année en laquelle la chapelle où sont ces statues fut achevée. Il y a de l'autre côté de cette chapelle plusieurs autres statues qui représentent le sépulcre de notre Seigneur, et qui sont aussi très-bien faites; mais ces statues furent faites en 1496, sous le règne de Charles VIII. » (Hist. de Sablé, par Ménage, in-fol., Paris, 1683, pag. 28.)

« Germain Pilon, sculpteur, né à Loué, en Champagne, dans le Maine, au commencement du seizième siècle, était fils de Germain Pilon, sculpteur, qui s'était retiré à Loué, pays de son épouse. C'est lui qui donna les premiers principes de son art à son fils. Il l'envoya à Paris pour s'y perfectionner. On peut regarder cet artiste comme le premier qui a contribué à tirer la sculpture et l'architecture des ténèbres de l'ignorance. On voit dans la capitale plusieurs de ses ouvrages qui sont admirés des connaisseurs. C'est lui qui exécuta en marbre le superbe mausolée de Guillaume Langei du Bellai, qui est placé dans la chapelle du chevet de Saint-Julien, pour lequel Jean du Bellai, cardinal et évêque du Mans, qui était à Rome, avait envoyé le marbre nécessaire. Nous possédons à Loué, et dans plusieurs églises des environs, quelques figures de saints de ce célèbre artiste. On en voit encore une dans l'église des Bernardins de l'Épar; (Près le Mans) elle représente saint Bernard. Le nom de Germain Pilon est gravé sur le piédestal de cette statue. Il mourut à Paris en 1590. Sa famille existe encore à Loué, et dans les environs. » (Extrait d'un manuscrit dans lequel l'auteur, Louis Maulni, conseiller au présidial du

Mans, très-versé dans les connaissances relatives à la ci-devant province du Maine, trace l'histoire des sculpteurs et artistes qui l'ont illustrée. Il était né au Mans en 1680, et est mort en 1765.)

Réflexions sur les citations précédentes.

L'auteur de la bibliothèque française, pleine de fautes et d'inexactitudes, a induit en erreur Ménage, et presque tous les auteurs des dictionnaires qui l'ont suivi. Germain Pilon, dit la Croix du Maine était Parisien, etc.; [1] et nous, sans manquer à la reconnaissance qu'on doit à celui qui, le premier, a donné des notices des savans et des artistes par ordre alphabétique, nous disons et nous croyons que le long séjour que Germain Pilon a fait à Paris, où il est mort, l'a fait regarder comme Parisien par ce bibliographe, qui écrivait sans critique et sans beaucoup d'examen. L'auteur de la vie des évêques du Mans, précité, vient à l'appui de notre opinion. Il n'a pas avancé, comme la

---

[1] Quand on n'est pas plus exact que Lacroix du Maine dans les termes comme dans les choses, ne peut-on pas regarder comme Parisien quelqu'un qui a passé trente ou quarante ans à Paris, qui y est mort, quoiqu'il ne soit pas né dans cette ville? Lacroix du Maine ne dit pas que Germain Pilon soit né à Paris, mais qu'il était Parisien. Oui, par un domicile de trente ans, etc.

Croix du Maine que Germain Pilon était Parisien, mais de Loué, originaire de Loué, suivant l'expression incorrecte de ce temps, en suivant l'usage de notre pays, où nous avons plusieurs fois entendu dire également et indifféremment : Un tel est de tel endroit, ou originaire de tel endroit ; et il est si vrai que Corvaisier n'entendait pas cette expression comme on doit l'entendre naturellement, qu'il dit que notre province avait donné à la France trois hommes célèbres ; le premier, Germain Pilon, originaire de Loué ; et le second, Abel Foulon, aussi natif de Loué. L'adverbe aussi n'indique-t-il pas l'identité de naissance ? Et Corvaisier prend incorrectement pour synonymes deux mots qui ne le sont pas, et qui, comme l'a dit un grammairien bel esprit, doivent s'étonner de se trouver ensemble.

L'auteur du manuscrit, qui passait pour le savant qui avait le plus travaillé sur les antiquités du pays, et qui avait le plus de connaissances des familles, etc., confirme pleinement notre opinion.

Preuves tirées des ouvrages que Germain Pilon a faits dans le département de la Sarthe.

Il faudrait, citoyen, votre sagacité et vos connaissances, pour saisir et distinguer, dans les ouvrages que Germain Pilon nous a laissés, la marche graduelle et les nuances des talens qu'il a exercés d'abord dans le département de la Sarthe, sa patrie, et ensuite à Paris. Si vous en jugiez par vos propres yeux, vous seriez forcés de convenir qu'il a essayé ses forces dans notre pays, avant de les développer sur un théâtre plus brillant. Voici les faits et les raisonnemens sur lesquels je fonde mon opinion. Nous avons vu, jusqu'en 1793, une statue de saint Bernard, placée dans l'église de l'Épau, près le Mans. Le nom de Germain Pilon était gravé sur le piédestal. Rien de moins digne du ciseau de notre artiste, que la draperie qu'on a détruite avec le corps. Les mains de cette statue étaient très-bien faites. Rien de plus beau que la tête qu'on a conservée. On la voit toujours avec un nouveau plaisir chez le citoyen Clairsigny, négociant de notre ville, et amateur des arts. En vérité, un sourd, avec de bons yeux, croirait qu'elle parle. Il est reconnu aussi que Germain Pilon rendait parfaitement bien le caractère des expressions et les finésses des draperies. Les ouvrages qu'il a faits dans la capitale attestent ce talent, qu'il développa, dit-on, le premier de tous les sculpteurs français; et il nous paraît certain que cette statue de saint Bernard était un premier essai de la jeunesse de Germain Pilon. Où pouvait-il l'avoir faite ailleurs que dans le pays qui l'avait vu naître? [1] Les premiers pas que nous faisons ne sont pas ordinairement loin de notre berceau.

Dans l'église des Camaldules de Bessé, de notre département, on admirait un groupe en marbre des trois Graces, portant le cœur du fondateur. Ce monument était semblable pour le dessin et les formes (je ne dis pas par le fini) à celui que vous avez dans votre Musée, et qu'on regarde avec raison comme le chef-d'œuvre de Germain Pilon. Ce groupe de Bessé était-il l'original du vôtre? En était-il une copie? Sa disparition en 1775, et la privation de renseignemens sur cette maison supprimée, détruite en 1785, ne me présentent aucune donnée pour résoudre ce problême; mais il n'en est pas moins vrai que l'identité de ces deux anciens mausolées donne beaucoup à penser, sans rien conclure en faveur de mon opinion.

Ce beau monument, sculpté dans l'école de Germain Pilon, est la copie de celui que Catherine de Médicis ordonna à cet artiste pour Henri II, et qui se voit dans ce Musée sous le n° 111. *Voyez*, dans ce volume, pag. 132. Il y a quelques variantes sur le sort de ce groupe triangulaire qui était dans l'église des Camaldules dont parle M. Renouard;

---

[1] On trouve près le Mans la terre dont cette statue était formée.

nous les rapporterons ici comme tenant essentiellement à l'histoire de ce monument. On dit que M. de Grimaldi, évêque du Mans, en 1775, fit enlever cette belle copie des trois Graces, dont il connaissait le prix, pour se l'approprier; d'autres prétendent que le prieur de cette maison, mu par un pieux zèle, pour éviter à ses religieux et à lui-même un sujet de tentation, le fit cacher sous terre ou jeter dans un puits. Mais ce qu'il y a de certain, c'est qu'il a été religieusement recueilli par Dewailly, architecte, dont nous respectons les talens et la mémoire, qui en fit l'acquisition au prieur benin, pour le soustraire à la destruction qui le menaçait. Il passa depuis à sa veuve, et on le voit aujourd'hui à Paris au Musée national d'Histoire Naturelle, dans le jardin du citoyen Fourcroy, conseiller d'état, membre de l'Institut, et profes-sesseur de cet établissement.

Notre concitoyen Maulni qui ne se distingue pas moins par son goût pour les arts que son aïeul, auteur du manuscrit précité, a envoyé depuis trois ans au citoyen Millin, conservateur du Musée des Antiques, le dessin d'un fameux ouvrage de Germain Pilon. C'est le mausolée de Guillaume Langei du Bellai, que son frère, évêque du Mans, (depuis 1547 jusqu'en 1556) fit construire dans sa cathédrale. Il est dessiné tel qu'il était avant la révolution. Les restes précieux de ce mausolée, échappés à la dévastation de 1793, que nous avons disposés et arrangés dans notre petit Musée, donnent la plus haute idée de Germain Pilon, son auteur. Le sarcophage en entier est de marbre d'Italie, et orné de bas-reliefs qui imitent parfaitement l'antique. Les deux trophées également de marbre décèlent le génie qui crée, et charment tous les connaisseurs par la beauté de leur exécution. La figure de Langei du Bellai et deux cariatides sont de pierre de *Tonnerre*. Deux sphinx de marbre noir soutiennent le sarcophage. On regrette la plus grande partie de ce superbe mausolée, dont la composition a dû coûter trois ou quatre ans à son auteur. On lit sur un des côtés: *Positum est hoc mausoleum, anno* 1557. Langei du Bellai a occupé le siége épiscopal du Mans, depuis 1547 jusqu'en 1556. Dans cet intervalle, il fit venir des marbres d'Italie, et construire ce mausolée par Germain Pilon. J'observe avec soin toutes ces dates pour en tirer les inductions qui viennent à l'appui des éclaircissemens que j'essaie de vous donner. Les époques mémorables de la vie des hommes célèbres sont celles de leurs ouvrages, au défaut d'historiens, ou d'historiens exacts.

Le docte Ménage affirme que la chapelle où sont placées les belles statues qu'on appelle les saints de Soulesme, fut achevée en 1553. Il est à croire que ces statues ne furent faites qu'après la construction entière de cette chapelle. Ainsi, en suivant l'ordre des travaux de Germain Pilon dans notre département, et en observant scrupuleusement les dates, ce serait le dernier ouvrage qu'il y aurait fait, si toutefois il en est l'auteur, comme je le crois, comme le présume Ménage, et comme l'assure la tradition du pays. Tout cela aurait besoin du coup-d'œil d'un connaisseur tel que vous, qui aurait bientôt discerné le style et la manière de Germain Pilon. Que ne faites-vous le voyage de Soulesme? Le sujet en vaut la peine pour l'histoire de l'art et des artistes. En attendant, vous me permettrez de joindre aux notes que je vous donnai chez vous, à Paris, les renseignemens que j'ai pris depuis mon dernier voyage. Je ne vous garantis pas tout à fait l'exactitude de tous les détails; il faudrait voir par soi-même. *Initium scientiae, dubitatio.*

Il y a dans l'église de Soulesme, vendue le 4 avril 1791, au citoyen le Noir de la Flèche, qui les a heureusement conservées, quarante statues environ de pierre de liais, formant deux groupes : l'un représente l'Assomption de la Vierge (c'est l'ouvrage de Germain Pilon); l'autre représente le Sépulcre de N. S., monument antérieur qui fut construit en 1496. On y voit isolées quelques statues de terre, également bien faites. Pendant plus de deux siècles, et jusqu'au temps où elles ont été vendues au particulier précité, qui les tient en chartre privée, curieux, amateurs, connaisseurs, tous s'empressaient de venir, de dix à vingt lieues, admirer ces monumens qui passent pour être vraiment admirables.

Celles des statues de Soulesme qui sont sorties du ciseau de notre célèbre sculpteur, et qui sont son dernier ouvrage dans notre département, n'ont été vraisemblablement achevées que vers l'année 1560. Alors, après avoir enrichi son pays natal des productions de son art, il alla pour la seconde fois à Paris, où sa réputation et le desir de l'accroître l'y appelèrent sans doute. Il y passa trente ans, et y mourut en 1590.

Variations sur l'époque de la mort de Germain Pilon.

Les éditeurs de Moréri disent que Germain Pilon mourut en 1608. Tous les faiseurs modernes de dictionnaires biographiques et bibliographiques n'ont pas manqué d'être leurs fidèles échos. On n'a pas le temps d'examiner, on aime mieux croire sur parole. La critique est si difficile ! l'érudition si ennuyeuse !..... Hé bien, citoyen, l'épitaphe de Germain Pilon donne un démenti formel à tous ces messieurs, qui n'aiment ni la critique, ni l'érudition. Il ne faudra pas sans doute leur prouver qu'on ne fait point l'épitaphe d'un homme vivant. La voici, cette épitaphe dont l'auteur est le président Maynard : vous pouvez la vérifier dans le *Parnasse des plus excellens poètes de ce temps*, ou *Muses Françaises*, imprimé en 1606 sur un privilége du 21 juillet 1606.

> Pilon, l'injustice des cieux
> T'a donc retiré de ces lieux,
> Et ton œil est couvert d'un ténébreux nuage
> Pour ne voir jamais plus le jour.
> Eusse-tu taillé ton image
> Avant que de partir de ce mortel séjour!
> Ta main l'eut si bien exprimé
> Que la mort auroit estimé
> Cet effet de ton art un effet de nature.
> Ainsi elle eut fait son effort
> A l'encontre de ta figure,
> Et toi, franc de péril, tu ne serois pas mort.

Cette jolie épitaphe n'a jamais été faite pour être mise sur le marbre de la tombe ignorée de Germain Pilon. Elle annonce plus d'esprit que de style lapidaire. C'est un tribut ingénieux d'admiration et d'éloges, que Maynard, jeune alors, rendit, si l'on veut, dans l'année où il fut imprimé, à la mémoire de notre sculpteur, en voyant quelques-uns de ses chefs-d'œuvres dont l'expression et l'air de vie lui inspirèrent la jolie pensée exprimée dans l'épitaphe. On pouvait le rendre, ce tribut poétique, dans tous les temps postérieurs à la mort de Germain Pilon. Ainsi, le dernier éditeur de Moréri, guidé sans doute par la date de l'impression de la pièce de vers du président Maynard, en plaçant la mort de Pilon en 1605 ou 1606, n'est pas plus exact que ses prédécesseurs, qui en mettent la date en 1608.

Pour confirmer ce que j'avance, je vous cite l'auteur du Dictionnaire d'Architecture et de Sculpture, Roland le Virlois, qui place l'époque de sa mort en 1590. (Édit. de Paris, 1770.) Je vous cite l'auteur du manuscrit précité, qui la met également dans la même année. [1] Il est à observer que ces deux auteurs, vivant en différens temps, n'ont point eu de communication. Jamais le manuscrit n'est sorti des mains de ceux qui le possèdent. A ces deux citations uniformes, il vous est aisé d'ajouter une preuve bien péremptoire, et qui trancherait la difficulté, s'il y en avait encore. Existe-t-il quelque ouvrage de Germain Pilon depuis 1590 ? je ne le crois pas. Sa mort, en 1590, l'empêcha d'exécuter en marbre le beau modèle de saint François, qu'il fit en terre cuite, en 1588, et qui était destiné pour la chapelle du Louvre, et dont la terre cuite se voit dans votre Musée.

---

[1] Dans le Dictionnaire des Artistes, par l'abbé de Fontenai, édition de Paris 1782, la mort Germain Pilon est placée en 1590.

A la renaissance des arts, la sculpture bannit les ridicules extravagances du goût gothique, et inventa ou copia les beautés simples et sublimes de l'antique. Sous les règnes de François Ier et de Henri II, les Gougeon à Paris, les Germain Pilon au Mans, et ensuite dans la capitale, les Dominique et les Gentil à Troyes, se distinguèrent dans cette carrière. Mais si, trente à trente-cinq ans avant cette époque marquante dans les fastes des arts, on a fait dans le coin d'une province une quinzaine de statues qui expriment les proportions, les attitudes, les contours et les formes de la belle nature, à qui sera dû la priorité d'invention? Ce petit coin de pays ne pourra-t-il pas être regardé comme le berceau de la sculpture française? Hé bien, citoyen, dans notre département, vous trouverez ces belles statues, faites sous Charles VIII en 1496. C'est Soulesme près Sablé qui renferme ce trésor. Il ne faut pas, comme vous voyez, un grand effort de logique pour penser, croire, et prouver que le département de la Sarthe a été le berceau de la sculpture française. Cependant, pour ne laisser aucun doute à cette opinion nouvelle et qui paraîtra singulière, pour ne pas enfin renouveler l'histoire de la dent d'or dont parle Fontenelle, il serait nécessaire de joindre à mon simple raisonnement vos observations sur les lieux, (ce qui vaudrait mieux) ou faire transporter dans votre Musée, comme la loi vous en donne le droit, ces monumens des arts vendus contre la loi. Si vous prenez ce dernier parti, souvenez-vous, de grace, de la modeste portion que je réservai chez vous pour mon dernier droit d'avis, non pas pour moi, bien entendu, mais pour le Musée de notre département, dont je suis le conservateur. En attendant, revenons à ces quinze statues dont la composition est certainement antérieure de quelques années à la renaissance des arts en France. Qui les a faites? on ne le sait pas positivement. Le fil des présomptions ne pourrait-il pas nous conduire à quelque découverte? Le père de Germain Pilon était sculpteur; il demeurait à Loué, à quelques lieues de Soulesme. Sans nous égarer dans le vague des hypothèses, tous ces rapprochemens ne pourraient-ils pas nous faire regarder le père de Germain Pilon comme l'auteur de ces statues? Alors, un sculpteur de village, sans autre modèle que la nature, sans autre maître que son génie, dans un temps où les lumières de la Grèce et de l'Italie n'avaient pas encore pénétré en France; un sculpteur de village, dis-je, par un essor générateur vers le beau, aurait été dans notre département le fondateur de l'école de la sculpture française. Cettte supposition flatteuse et honorable pour le département de la Sarthe ne paraît pas gratuite. Les grands talens du fils qui en puisa les principes, pour ainsi dire avec le lait, dans les leçons et les modèles du père, ne donnent-ils pas à notre opinion un grand degré de probabilité ? Dans plusieurs parties du tableau que je vais vous tracer des contemporains et des successeurs de Germain Pilon dans notre département, j'espère trouver encore de nouveaux étais à mon système. Cet état exact de nos artistes célèbres pourra d'ailleurs vous être utile sous d'autres rapports.

Tableau des sculpteurs et architectes nés dans le département de la Sarthe ; Notices de leurs ouvrages détruits, ou subsistans encore.

Le père de Germain Pilon, né dans le quinzième siècle, à Loué, à six lieues du Mans.

Germain Pilon, né également à Loué, au commencement du seizième siècle. *Voyez* les dissertations ci-dessus.

Pierre Boisseleret, sculpteur et architecte, né au Mans, dans la paroisse de Saint-Vincent, construisit en 1554 le jubé des Jacobins, heureusement soustrait au fanatisme révolutionnaire. On l'a transporté sur la promenade publique, pour en faire, disait-on, un *temple* de *Mémoire* qu'on n'a point fini. Ce monument, d'ordre corinthien, fait l'éloge de son auteur. Le citoyen le Maire, sculp.

teur de notre ville, en a moulé tout récemment les plus belles parties pour un architecte de Paris.

Huet, né au Mans dans la Paroisse de Saint-Vincent, sculpteur habile, nous a laissé plusieurs bustes en pierre dure, qui annoncent un grand talent. Son dessin est très-correct; il florissait en 1554. Le jubé des Jacobins, dont nous avons parlé dans l'article précédent, était orné de plusieurs bustes sortis du ciseau de cet excellent artiste. Le citoyen Clairsigny du Mans en a sauvé quelques-uns.

Gervais la Barre, né au Mans, dans la paroisse de Saint-Vincent, sur la fin du seizième siècle, a enrichi son pays de plusieurs statues, où l'on découvre beaucoup de génie et de dessin. Le sépulcre de l'église cathédrale, construit en 1610, détruit en 1793, était admiré des connaisseurs. Cet artiste avait orné l'église de Saint-Vincent de plusieurs figures d'une excellente composition. Son principal talent était de donner aux draperies le moelleux et les ondulations qui leur conviennent. Il existe encore de lui une sainte Cécile chez le citoyen Raïson, demeurant dans sa terre de la Ragie, commune de la Basoge, près le Mans. Cette belle statue était placée dans l'église cathédrale.

Biardeau, né au Mans, et élève de Germain la Barre, a sculpté et modelé plusieurs bons ouvrages.

Les vierges placées en 1638 sur les portes de la ville du Mans, sont de cet artiste. On en voit encore une qu'on a transportée dans l'église cathédrale.

Merillon père et fils, statuaires, nés au Mans, avoient décoré de leurs ouvrages plusieurs églises de cette ville. On admirait, avant la révolution, l'Assomption de la Vierge, [1] placée au-dessus du grand autel de la paroisse de Saint-Vincent, et d'autres morceaux de sculpture dans les églises de la Visitation et de la Périgne. Le sépulcre de l'église des Cordeliers est le seul ouvrage (encore est-il bien mutilé) qui nous reste de ces deux artistes. On le voit chez le citoyen Clairsigny.

Ambroise Duval, né au Mans, dans la paroisse de Saint-Benoît, célèbre sculpteur et fondeur, passa en Angleterrre, où il travailla long-temps pour la cour. Les sollicitations de Colbert le firent repasser en France. Il y travailla aux figures et aux groupes de bronze qui sont à Versailles, et aux bronzes du monument de Condé que l'on voit dans votre Musée, et qui était aux grands Jésuites, rue Saint-Antoine.

Landouillette, né au Mans, dans la paroisse

---

[1] Ce morceau de sculpture passait pour un chef-d'œuvre.

du Crucifix, sculpteur et fondeur, épousa la fille d'Ambroise Duval. Ses talens engagèrent M. de Colbert à le nommer directeur de la fonderie de canons et autres pièces d'artillerie qu'il avait établie à Toulon. Ses grands talens et ses services lui méritèrent des lettres de noblesse.

Je ne puis passer sous silence un architecte très-renommé du quinzième siècle, né à Château-Gontier, département de la Mayenne, en 1450, et enterré au Mans, en 1546, dans l'abbaye de Saint-Vincent, où il avait passé les quarante-six dernières années de sa vie. Son nom était Simon Haie-Neuve. Geoffroi Thorry en son livre, intitulé le Champ Fleuri, liv. 2, pag. 14, l'appelle Maître Simon de Mans, croyant qu'il y était né. Voici ce qu'il en dit : « Simon était très-excellent « en ordonnance d'architecture antique, comme « on peut voir en mille beaux et bons dessins et « portraits qu'il a faits en la noble cité du Mans, « et ne feignons de consecrer et dedier son nom « à l'immortalité, en le disant être un second « Vitruve, etc. » Quoique cet artiste, célèbre à juste titre dans un temps où il était si difficile de l'être, ne soit pas né dans le département de la Sarthe, nous ne pouvons nous dispenser de le placer dans cette galerie de nos grands artistes, par reconnaissance des monumens qu'il nous a laissés. On admirait, entre autres, la chapelle de l'é-

Pl. 118.

No. 455.

Faïence de Palissy.

Vauzelle del.

Pl. 119

N°. 455

Faience de Palissy

Sauv. del.

vêché, détruite depuis trois ans. Le dessin de cette chapelle, que le citoyen Maulni a envoyé au citoyen Millin, conservateur des antiques, vous fera mieux connaître les beautés et la hardiesse de sa coupole, et toute l'ordonnance de sa construction, que la description que je pourrais vous en faire.

Dans cette liste de sculpteurs qui ont honoré notre pays par leur naissance, et l'ont enrichi par leurs ouvrages, vous en trouvez quelques-uns qui ont été les contemporains de Germain Pilon. N'ont-ils pas, comme lui, puisé dans les modèles de son père, le goût du beau? Le père de Germain Pilon n'a-t-il pas électrisé les esprits de son temps? Et ne suis-je pas fondé à le regarder comme le fondateur de la sculpture française?

Nos 455 et 455 (*bis.*)

DU CHATEAU D'ÉCOUEN.

Deux tableaux en faïence, représentant des batailles dessinées et exécutées par Bernard Palissy.[1]

---

[1] Bernard Palissy, agenois, prenait le titre d'ouvrier de terre, et d'inventeur des rustiques figulines du roi, et d'Anne de Montmorenci, pair et connétable de France. Palissy annonce qu'il a dessiné, fait des recherches sur la peinture sur verre, et qu'il a pratiqué lui-même cet art; d'après cela et le titre qu'il prenait, il paraît probable qu'il a peint non

Ces deux morceaux uniques et précieux servaient de pavement dans la chapelle du château d'Écouën : leur fabrique date de 1542. « Les esmaux de quoi je fais ma besogne, (dit Palissy) sont faits d'estaing, de plomb, de fer, d'acier, d'antimoine, de saphre de cuivre,[1] d'arene, de salicort, de cendre gravelée, de litharge et de pierre de Périgord. »

Bernard Palissy, surnommé, suivant Peyresc, *Bernard des Tuileries*, parce qu'il demeurait aux Tuileries, vis-à-vis de la Seine, est un de ces génies extraordinaires qui s'élèvent d'eux-mêmes au-dessus des autres. Né calviniste, il échappa à la Saint-Barthélemy. On croît que Charles IX le sauva avec Ambroise Paré, son médecin. Lacroix du Maine, son contemporain, assure qu'il florissait à Paris en 1584: *Philosophe naturel*, dit-il en parlant de cet homme célèbre, *homme d'un esprit merveilleusement prompt et aigu, fait des leçons de sa science et profession.* Il

seulement les pavés du château d'Anne de Montmorenci à Écouën, mais encore les vitraux que l'on y voyait, et placés aujourd'hui dans la galerie du Musée des Monumens Français, représentant l'histoire de Psyché. Cela paraît plus que prouvé, puisqu'il dit lui-même qu'il s'est particulièrement attaché à copier les ouvrages de Raphaël.

[1] Préparation de cobalt.

Pl. 120

Vauzelle del.

Faïence de Palissy.

est le premier qui ait fait publiquement des leçons sur son art; et il mourut, si l'on en croit d'Aubigné, l'an 1589, âgé de quatre-vingt-dix ans.

Palissy, dont la profession était la poterie, [1] étudia dans sa jeunesse la géométrie pratique. Cette science le mena naturellement à l'art du dessin, et après avoir pris pour modèle Albert Durer, Léonard de Vinci, Raphaël, Primatice, etc., il produisit des dessins singulièrement estimés; il s'adonna à la chimie, à l'hydraulique, et publia plusieurs ouvrages sur la nature des eaux, des fontaines, des métaux, des sels, des pierres, etc. Les citoyens Faujas de Saint-Fond et Gobet nous ont donné une nouvelle édition de ses œuvres in-4°, imprimées en 1777.

Les quatre médaillons suivans, numérotés 435 (*bis*), sont aussi de la main de Palissy, fabriqués de terre cuite; ils sont revêtus d'une couverte à la manière de ses faïences: les deux premiers, vernissés de blanc sur des fonds bleu et violet foncé, et en façon de bas-reliefs, représen-

---

[1] Bernard Palissy, natif d'Agen, et potier de terre de profession, établi à Saintes, a écrit un Traité sur la nature des eaux et fontaines, des métaux, des sels, des pierres, etc.; il ne savait ni grec ni latin, et cependant il a parlé de toutes choses avec esprit. Il vivait encore en 1584, et était pour lors âgé de quatre-vingts ans.

tent Mars et l'Abondance; les deux autres, simplement peints en grisailles plates, aussi sur des fonds camaïeux, ou *monochrome*, représentent des sujets allégoriques. [1]

N° 108.

DE LA CULTURE SAINTE-CATHERINE.

Monument érigé à Birague, chancelier en 1573, et depuis cardinal. On voit la statue à genoux de Birague, fondue en bronze; Balbiani sa femme, vêtue à la manière du temps, à demi couchée sur un lit, est représentée tenant un livre, et dans la position de la lecture. Au-dessous, on voit un bas-relief d'une beauté rare, représentant cette femme en état de mort; deux génies qui éteignent le flambeau de la vie terminent la composition de ce beau monument, qui fut exécuté en marbre et en bronze par Germain Pilon.

Birague, après la mort de Valentine Balbiani sa femme, lui fit ériger ce monument, [2] auquel

[1] J'ai tiré ces médaillons de la première cour du château de Saint-Germain-en-Laye, bâti par François Ier.

[2] Le monument de ce chancelier, tel qu'on le voit dans ce Musée, a été restauré sur mes dessins. Placé dans son origine dans l'église de Sainte-Catherine-du-Val-des-Ecoliers, dite la *Culture*, il formait alors deux mausolées; mais, lors de la démolition de cette

Lenoir del. Guyot sc.

Tombeau de Birague.

Françoise de Birague, marquise de Nesle sa fille, fit ajouter la statue de son père, qui mourut en 1583. Au-dessus de la statue de Birague, on lisait ces deux vers latins :

Quid tibi opus statua, satis est statuisse Birague
Virtutis passim tot monumenta tuæ.

Les deux mausolées étaient originairement chargés des inscriptions suivantes :

Renato Birague Patritio Milanensi multis et summis dignitatibus functo, tum Franciæ Cancellario ac demum S. R. Ecclesiæ Cardinali, Francisca filia unica et Cæsar Biragus agnatus mœstissimi, non memoriæ, sed desiderii perpetui monumentum.
Hoc poni curaverunt.

AUTRE.

Hunc Renati Biraguij S. R. E. Card. Galliæ Cancell. tumulum, Philippus Huraltus Chevernius Galliæ Cancellar. ob consortium summi Magistratûs, et amicitiam affinitate sancitam auxit hoc titulo ultimo in defunctum munere ; et decessorem sanctiss. seni hoc quidquid est inferiarum dare pietati adjunctum existimavit. Adeo quos non fors, sed judicium magni Regis et respub. conjunxit nulla vis fati separare potis est.

---

maison, les religieux les firent transporter à la maison professe des Jésuites, rue Saint-Antoine, qui leur fut concédée ; et là ils furent réduits en un seul monument.

AUTRE.

D. O. M. S.

Valentiæ Balbianæ matronæ clarissimæ atque ornatissimæ cujus anima salute et quiete fruitur sempiterna corpus, Renatus Biragus Franciæ Cancellarius conjux pientissimus, vxoris benemeritæ hìc poni curavit. Obijt anno Christianæ salutis 1582. 12. *Kalendas Ianuarij, vixit annos* 64. *menses sex, dies* 20.

Birague Milanais, avec les Guise, les Gondi et Catherine de Médicis, formèrent et dirigèrent le complot de la Saint-Barthélemy; il reçut le chapeau de cardinal des mains de Grégoire XIII, à la sollicitation de Henri III, qui lui retira les sceaux pour les remettre à Philippe Hurault: aussi de Chiverni, disait-il, qu'il était *cardinal sans titre*, *prêtre sans bénéfice*, et *chancelier sans sceaux*.

N° 109.

DE L'AVE-MARIA.

Statue en marbre et à genoux, de Jeanne de Vivone, fille d'André de Vivone, seigneur de la Châteigneraye, gouverneur de François, dauphin, fils de François Ier, dont il a été parlé plus haut. Jeanne de Vivone, mère de Claude et Catherine de Clermont-Tonnerre, qui s'est illustrée par son esprit et son savoir, (*voyez* le n° 115) mourut en 1583.

Pl. 122.

Md de Vivone. Md Nogaret La Valette.

Voici son épitaphe telle qu'elle était figurée sur le marbre :

D. O. M.

Pijs. man. et æt. mem.

Generosissimæ et illustrissimæ Heroïnæ D. Joannæ Vivonneæ, quæ regia armoricæ Britanniæ regulorum propagine et stemmate puro insignita, vt tanto natalium splendore clarissima ita summis pietatis caritatis, continentiæ, castitatis et munificentiæ, virtutibus conspicua fortissimi et Illustrissimi equitis Claudij Claromontij Dampetræ coniugis dilectissimi jugali nexu libitina soluto præcoci totos 38. *orbitatis annos verè vidua lugens, mærens clarissimùm iugalis tædæ pignus, fulgentissimun ævi jubar, gnatam Claudiam Catharinam Reziorum Ducissam, matri orbique vnicam nostro aluit, coluit, educavit, omnibusque ingenij, corporis, et fortunæ dotibus cumulavit, cumque tot pudoris, castitatis irruptæ fidei copulæ specimina edidisset; hanc, famæ et virtutis ergo, Henricus III. Francorum, et Poloniæ Rex Christianissimus inter Illustrissimas castissimæ Reginæ Lodoïcæ conjugis assidentes Heroïnas primariam ascivit, et Regij thalami tutelam summum fœminei muneris apicem demandavit, quo integrò et fideliter gesto annisque* 68. *transactis* 7. *Idus Aprilis anno restitutæ salutis* 1583. *tota Christum spirans diem clausit, inter oscula, et amplexus mœstissimæ et luctuosissimæ vnicæ suæ Claromontiæ quæ pientissimæ gnata, pientissima matri æternùm hærere hæres satagens, hocce vtrique non par monumentum.*

PP. SS. DD.

Sur la seconde face on lisait ce qui suit :

Cy gist
Jeanne de Vivonne
Dame de Dampierre
Fille d'André Vivonne, seigneur de la Châteigneraye,
Senechal de Poitou,
Conseiller et chambellan de François Ier
Et de Louise de Daillon du Lude,
Mere de Claude Catherine de Clermont
Duchesse de Retz.

François de Vivone, seigneur de la Châteigneraye, son frère, se distingua à la cour de François Ier, qui l'affectionnait particulièrement. Suivant Brantôme, il était fort vigoureux, et l'un des hommes le plus braves de son temps; mais la légèreté de son esprit et l'indiscrétion de ses propos lui firent beaucoup d'ennemis; on cite, entre autres, le trait suivant. S'étant brouillé avec Gui de Chabot, seigneur de Jarnac, son ami intime, il se permit de dire à François Ier que Jarnac s'était vanté à lui d'avoir eu les faveurs de sa belle-mère (Magdeleine de Puyguion, seconde femme de Charles Chabot son père). Le roi en plaisanta publiquement le jeune Jarnac, qui donna un démenti formel à la Châteigneraye. Ce dernier, vivement piqué, demanda sur-le-champ au roi la permission de se battre à outrance. Le roi refusa; mais, après la mort de ce prince, il l'obtint de

Henri II, son fils. Le combat se fit en champ clos, dans le parc de Saint-Germain-en-Laye, le 10 juillet 1547, en présence du roi et du connétable Anne de Montmorency. Jarnac soutint le combat vigoureusement, et, après plusieurs assauts réitérés, d'un coup de revers, il coupa le jarret à son adversaire, qui tomba. Le vainqueur sollicita vivement du roi la permission de lui offrir la Châteigneraye, qui ne demandait pas la vie. Le roi, après beaucoup d'instances de la part de Jarnac et du connétable Montmorency, se laissa gagner, et fit porter le malade dans sa tente pour le faire panser. La Châteigneraye ne survécut point à la honte d'avoir été vaincu; il mourut de désespoir au bout de trois jours. « Le *coup de Jarnac* a passé en proverbe, pour signifier une ruse, un retour imprévu de la part d'un ennemi. » Ce duel fut le dernier publiquement autorisé par le roi.

N° 110.

DES CORDELIERS.

Statue en marbre blanc et à genoux, de Catherine Nogaret de la Valette, femme de Henri de Joyeuse [1], morte en 1587. Cette sculpture, d'un travail très-grossier, n'a point d'auteur connu.

---

[1] Connu sous le nom de *frère Ange*, qu'il prit en se faisant capucin, après la mort de sa femme. Il mourut en 1608, âgé de 41 ans.

Voici l'épitaphe de cette Nogaret :

Illustri heroinæ Catharinæ
Nogaretæ Valletæ
Henrici a Joiisa,
Qui tum Buchiacii *comes, post dux Joiisæ,* (Bouchage)
Vestiarii Regii magister,
Audibusq^e, Cœnomanis, Perchensibus, Turonibus
Præfectus erat.
Conjugi suavissimæ, sanctissimæ, incomparabili
Cujus heu! nimis.
Acerbo fato præreptæ, an. et. XXII. prid.
C. id. aug. an. M. IↃ. LXXXVII.
Vir desolatissimus desiderium ferens insolabiliter damnato seculo, totum se Deo in capucinorum instituto mancipavit.
Henrica Catharina Guisæ ducissa
Concordis conjugii unicum pignus.
Monumentum hoc fieri statuamq^e marmoream poni curavit.
Vale mater dulcissima et quiesce.

N° 111.

DES CÉLESTINS.

Les trois Graces prises dans un seul bloc de marbre, chef-d'œuvre de Germain Pilon : hauteur, quatre pieds trois pouces, porté sur un piédestal en forme de trépied antique, de trois pieds six pouces de haut, aussi en marbre blanc, orné de feuillages, palmettes, figures et cartouches.

Pl. 123. No. 111.

Les Grâces.

2me Tombeau du Roi Henri II.

Vénus-Uranie a sans doute communiqué à Pilon ce sentiment fin et délicat, fait pour représenter les *Graces décentes;* et, à l'examen de ce groupe, on remarque aisément combien cet artiste, sensible autant que spirituel dans sa touche, s'est pénétré de son sujet; elles se touchent sans se toucher; elles foulent la terre, sans la fouler; leur respect est mutuel, et leurs mains innocentes se communiquent avec une douce émotion.

L'origine des Graces a varié chez les anciens, suivant l'imagination des poètes qui les ont chantées; cependant plusieurs auteurs s'accordent à les faire descendre de Jupiter et d'Eurynomé, fille de l'Océan. Les Grecs les appelaient χάριτες *charites*, distinguées par *Aglaïa, Thalia, Euphrosine.* Selon Pausanias, les Lacédémoniens n'en reconnaissaient que deux, Cleta et Phaenna; elles étaient les compagnes assidues de Vénus, et ils les représentaient nues. « Chez les Éliens leur habit était doré, le visage, les mains et les pieds de marbre blanc; l'une tenait une rose, l'autre un dé, et la dernière un rameau de myrte. » La multitude des monumens anciens qui nous les montrent nues suffit pour attester que cette opinion était plus généralement adoptée: les vraies Graces, disaient-ils, existent dans elles-mêmes, et sans emprunter aucun éclat extérieur. On voit à Rossane un marbre représentant les *Graces décentes ;* elles sont vêtues, adossées contre une colonne, et se tenant par la main.

Le groupe que l'on voit ici a été fait pour supporter une urne contenant les cœurs de Henri II et de Catherine de Médicis.

Pilon a représenté Médicis dans l'une des Graces. *On fit frapper à cette époque une médaille représentant les Graces accompagnées de Catherine de Médicis.*

Watelet, dans son ouvrage sur la peinture, prétend que ce groupe représente les trois vertus théologales. Je rapporte les trois distiques latins gravés sur le piédestal, pour prouver que ce sont les Graces, et non des figures mystiques.

PREMIÈRE FACE.

Cor junctum amborum longum testatur amorem
Ante homines junctus, spiritus ante Deum.

SECONDE FACE.

Cor quondam charitum *sedem, cor summa secutum*
Tres charites *summo vertice jure ferunt.*

TROISIÈME FACE.

Hic cor deposuit Regis Catharina mariti
Id cupiens proprio condere posse sinu.

Extrait des Mémoires de la Chambre des Comptes.

Payé à Germain Pilon sculpteur, la somme de 850 liv. 3 s. à lui donnée par le dit abbé de Saint-Martin

Pl. 124 N°. 112.

Percier del.

Mausolée du Cardinal de Bourbon,

Roy de France sous le nom de Charles X.

Pl. 125

N° 118 (bis)

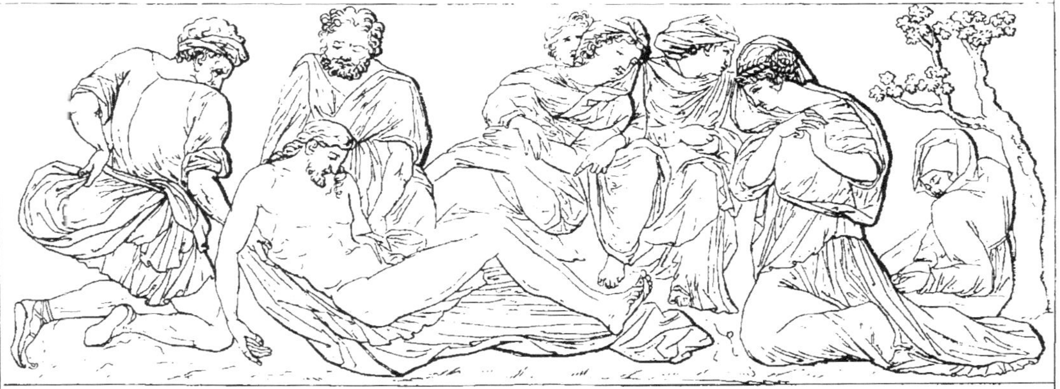

Bas-relief de Jean Goujon.

Lenoir del. Guyot sc.

pour les ouvrages de sculpture par lui faits tant de l'ordonnance de l'abbé d'Yvry (Philibert de Lorme) commissaire des bâtimens que dudit abbé de Saint-Martin en huit figures de petits enfans de marbre blanc faits pour servir au tombeau et sepulture du feu roi François Ier, que trois autres figures de marbre en une piece formant groupe qui portent un vase dedans lequel est assis le cœur du feu roy dernier en l'église des Célestins.

Nos 112 et 112 (*bis.*)

DE SAINT-DENIS.

Une colonne de marbre campan isabelle, ornée d'un chapiteau arabesque en albâtre, (l'auteur en est inconnu.)

Ce monument a été érigé à Charles de Bourbon, cardinal, proclamé roi de France, sous le nom de Charles X, [1] par le duc de Mayenne, commandant pour la ligue. Ce fantôme de roi, âgé de 67 ans, mourut en 1590, à Fontenay-le-comte en Poitou, où il était gardé avec soin par les royalistes; ce fut le 3 juin suivant que se fit la fameuse procession de la ligue. Ce prince, au nom duquel on avait levé un parti après la mort de Henri III, contre l'héritier de la couronne, Henri IV, son

---

[1] Charles de Bourbon, fils de Charles de Bourbon, duc de Vendôme, était cardinal, archevêque de Rouen, et Légat d'Avignon.

neveu, lui écrivit de sa prison qu'il le reconnaissait pour son roi légitime. « Je n'ignore point, di-
« sait-il, que les seigneurs en veulent à la maison
« de Bourbon. Si je ne suis point à eux, c'est tou-
« jours un Bourbon qu'ils reconnaissent, et je ne
« l'ai fait que pour la conservation des droits de
« mes neveux. » Il y a eu des monnaies et des médailles frappées au nom de ce cardinal, sous le titre de Charles X, roi de France; les coins de ces médailles se trouvèrent dans la suite chez les jésuites.

Cette belle colonne était surmontée originairement de la statue du cardinal, qui a été brisée en 1793; je l'ai remplacée par un vase en bronze de la même époque; dans le piédestal, on voit un bas-relief en pierre de liais, représentant le Christ au tombeau: ce morceau, précieux pour la beauté des formes, la vérité des expressions, et la correction du dessin, est de Jean Gougeon. (*Voyez* la gravure suivante, numérotée 112 *bis.*) Les bas-reliefs des côtés sont de l'auteur du chapiteau. Les deux statues de bronze qui accompagnent ce mausolée, la Paix et l'Abondance, sont de Barthélemy Prieur, qui les avait faites pour la colonne de Montmorency. (*Voyez* le n° 105.)

N° 113.

Statue en pied de Henri IV, assassiné en 1610,

Pl. 126 N°. 113.

Lenoir del. Guyot s.

Henri IV.

en habit de guerre, exécutée en marbre par Francavilla, ou plutôt Francheville.

Cette statue est une des plus vraies, pour la ressemblance, qui ait été faite d'après ce prince; remarque que j'ai été à portée de faire sur lui-même, lors de l'exhumation des corps des rois, qui se fit à Saint-Denis en 1793. (*Voyez* le second volume de cet ouvrage, pag. CIV, article *remarques*.

J'ai placé, dans le piédestal de cette statue, un bas-relief d'un travail extrêmement précieux, représentant la bataille d'Ivry, donnée en 1590 par Henri : il y est représenté à cheval, chargeant les ennemis; ce bas-relief, d'une exécution savante, est dû au ciseau de Francheville.

Pierre *Francavilla* ou Francheville, né à Cambrai en 1548, entreprit la sculpture malgré son père, qui avait l'intention d'en faire un homme de lettres; il se rendit en Italie pour suivre l'école de Jean de Bologne. Il ne borna pas ses études à la sculpture seule; mais il devint aussi peintre, mathématicien, ingénieur et anatomiste célèbre. Appelé en France par Henri IV, il partit de Florence avec Bordoni, son élève. Les quatre esclaves et les bas-reliefs de la statue de Henri IV, qui étaient placés sur le Pont-Neuf, et qui sont conservés au Musée Central sont de cet artiste, que Henri nomma son sculpteur particulier.

N° 114.

DE NOTRE-DAME.

Statue en marbre blanc et à genoux, d'Albert de Gondi, maréchal de France en 1574, fils d'Antoine de Gondi et de Catherine de Pierreville, né à Florence le 4 décembre 1522, et mort à Paris en 1602.

Cette famille, originaire de Florence, joua un grand rôle en France sous les règnes de Henri II, de Catherine de Médicis, Charles IX, Henri III, et même sous Henri IV. L'histoire rapporte qu'Albert de Gondi apprit à jurer et à blasphémer à Charles IX; qu'il fut un des conseillers de la Saint-Barthélemy, et qu'il alla s'en excuser auprès d'Elisabeth, reine d'Angleterre.

Sur le cénotaphe, on lit l'inscription suivante:

Æternæ memoriæ
Illustrissimi et generosissimi
Alberti de Gondi,
Ducis Retzii, marchionis Bellinsulæ,
Paris Franciæ, equitum magistri,
Reg. trirem. præfecti,
Duorum regum christianissimorum
Caroli IX et Henrici III.
Cubicularii,
Utriusque militiæ regio terque
Donati:

Pl. 127

Tombeaux des Gondi.

Mad. De Clermont Tonnerre.

Quinque regibus nostris
Quibus trium maximarum provinciarum
Prores octiesque exercituum
Regiorum cum imperio ductor, quinque
Prœliis permutisque obsidionibus
Egregiam operam navavit;
Ob industriam et fidem pergrati
Gravissimis et difficillimis
Legationibus, omnibusque belli ac
Pacis muneribus summâ cum
Integritatis laude perfuncti.
Frater, uxor, filii, nepotes
Posuere 1602.

N° 115.

DE L'AVE-MARIA.

Statue en marbre blanc, de Claude-Catherine de Clermont-Tonnerre, épouse du duc de Retz, morte en 1603, protectrice des sciences et belles-lettres, qu'elle possédait éminemment; elle remporta sur le chancelier Birague le prix d'un discours qu'elle fit et prononça en latin.

Elle a été sculptée par Prieur, qui l'a représentée à genoux devant un prie-dieu, au bas duquel on lisait les vers suivans:

Quod mortale fuit terrestri conditur urna
Spiritus œtheras felicior incolit arces
Duxerit egregium licet alto à sanguine nomen
Virtus rara genus meritis illustribus auxit.

Autres en français :

Tout ce qu'eut de mortel cette illustre duchesse
Gist dessous ce tombeau, son ame est sur les cieux,
Qui de tant de vertus décora sa noblesse,
Que sa gloire enrichit l'honneur de ses ayeux.

Cette statue, que j'ai ornée de plusieurs génies du même artiste, et des attributs de la poésie, est supportée par quatre colonnes de vert de mer, provenant d'un tombeau qui avait été érigé à la famille Boucherat dans le temple dit Saint-Landry, et qui a été détruit. Le bas-relief en albâtre que l'on voit au bas est de Pilon, et représente Jésus au jardin des Olives ; le socle qui porte un lion chimérique est orné aussi d'un bas-relief très-délicatement sculpté en albâtre, et de quatre médaillons bronzés, représentant Cosme de Médicis, grand duc de Toscane, mort en 1574 ; Ferdinand II, successeur de Cosme, mort en 1668 ; et de Léon-Baptiste Alberti, architecte et chanoine de Florence, mort en 1550 : il fut considéré comme un des restaurateurs de l'architecture, dont il possédait également la pratique et la théorie. On ignore l'année de sa naissance. L'autre représente une allégorie. [1]

[1] J'ai été obligé de changer la forme de ce monument, qui tenait tellement à la construction du local

Voici l'inscription qui est gravée sur le cénotaphe :

CLAUDIA CATHARINA CLAROMONTIA.

Retiorum dux, heroina cùm quàvis prisci ævi comparanda, pietate, pudicitiâ, ingenii elegantiâ, in litteratos eximio favore, in tenuiores benignitate ac munificentiâ, erga omnes comitate insignis; vetustissimæ gentis splendori etiam aliquid addi posse judicavit, si animum liberaliori doctrinâ suprà sexum excoleret eoque nomine regibus ac principibus quorum plures arctâ necessitudine contingebat acceptissima fuit, ut qui eam sæpius de rebus gravissimis ac omnibus disciplinis admirabili facundiâ disserentem, libentissime audirent; iis præstantis ingenii dotibus enituit præsertim cùm Polonorum legati Carolum IX. Henricum novum Poloniæ regem, Catharinam reginam parentem latino sermone alloquerentur. Ipsi enim principes usi sunt interprete Claromantia legatis apposité respondente. Joanni Annebaldo Claudii illius famosi maris præfecti filio primùm nupsit; quo pro patriâ et rege in prælio Druidensi fortiter dimicante occiso, cum Alberto Gondio Retiorum duce, Franciæ Pari, equitum tribunorum principe, triremiumque Gallicarum generali ob prudentiam et animi magnitudinem de Gallia bene merito; 36 annos unanimi connubio vixit. Obiit Lutetiæ Paris. mense feb. anno S. 1603. ætatis 60.

---

où il avait été placé originairement, que la statue se trouvait posée au-dessus d'une porte.

Henricus Gondius Retiorum dux, ex Carolo Bellæinsulæ marchione filio nepos aviæ pientissimæ; Henricus Parisiensis episcopus. Philippus Emmanuel Juniaci Comes, triremium Gallicarum præfectus generalis. Joannes divi Albi Abbas, filii matri suavissimæ mœrentes posuerunt.

Autre inscription qui ornait la chapelle :

Retia marmoreo jacet Heroïna sepulchro
Nobile quæ titulis genus alto à sanguine ducens,
Tot sibi summorum devinxit pectora regum :
Quam tenero castæ gremio excepêre camœnæ,
Mellea quam pavit cœlesti nectare pitho,
Quam charites aluere, animi plenissima magni
Pectora, et ingenium dea cui tritonia finxit :
Parca sed abripiens momento munera divum
Mersit, et obscura noctis caligine texit.
Fallimur : Augusta nam prole superstite, famam
Retia et æternos auxit virtutibus annos.

Cette illustre duchesse, fille de Claude de Clermont, baron de Dampierre, n'eut pas à se louer de son premier mariage avec Jean d'Annebaut, baron de Retz, comme le dit formellement la reine Marguerite dans ses mémoires. « M'étant retirée à Amboise avec monsieur le « duc d'Alençon, mon frère, madame de Dam- « pierre s'y retira aussi avec madame la duchesse « de Raix, qui sut en ce lieu la grace que la for- « tune lui avait faite de la délivrer, à la bataille « de Dreux, d'un fâcheux homme, son premier

« mari, monsieur d'Annebaut, qui était indigne « de posséder un sujet si digne et si parfait. » Elle épousa en secondes noces Albert de Gondi, maréchal de Retz, (*Voyez* le n° 114) et lui apporta en mariage la seigneurie de ***Raix***, l'une des premières baronies de Bretagne, qu'il fit ériger depuis en duché et pairie de France.

Ce fut cette femme qui répondit en latin, pour Catherine de Médicis, aux ambassadeurs de Pologne, qui apportaient à son fils le décret d'élection à cette couronne ; quoiqu'elle n'eût eu qu'un jour pour se préparer à répondre à ces ambassadeurs, son discours remporta le prix d'une commune voix sur ceux du chancelier Birague et du comte de Chiverni, qui avaient aussi répondu, le premier, pour le roi Charles IX, et l'autre pour le duc d'Anjou. Elle eut d'Albert de Gondi son mari les enfans ci-après : Charles de Gondi, marquis de Belle-Isle ; Henri de Gondi, cardinal, évêque de Paris ; Philippe-Emmanuel de Gondi, comte de Joigny ; et Jean-François de Gondi, qui fut depuis le premier archevêque de Paris.

Pierre-Emmanuel de Gondi, comte de Joigni, après avoir passé plusieurs années dans les charges et dans les honneurs, prit l'habit de religieux, et se retira dans la maison des prêtres de l'Oratoire, dit Saint-Magloire de Paris, faubourg Saint-Jacques, où les religieux, en reconnaissance des biens qu'il apporta à la maison, lui élevèrent un petit monument sur lequel ils firent graver l'inscription suivante :

D. O. M.

Hìc situs est Reverendus Pater.
PHILIPPVS EMMANVEL DE GONDI,
Congregationis Oratorii D. J. Sacerdos ;
Qui olim Juniaci Comes,
ac Vtriusque Regii Ordinis Eques Torquatus,
nec non Triremium, Classiumque Gallicarum,
per Mare internum summo cum imperio Præfectus,
his Honoribus spontè se abdicavit :
Post adlectus in Congregationem Oratorii,
Quæ in Gondiacâ gente
præcipuos suos Fundatores agnoscit,
eximiam pietatem cum pari modestiâ,
constantiâque verè Christianâ conjunxit.
Devixit 29. *Junii, anno salutis* 1662.
Ætatis 81. *Sacerdotii* 35.
Congregationis Oratorii PP. de se benè merito,
hoc Monumentum mœrentes posuere.

Gratia Dei vita æterna in Christo Jesu
Domino nostro. Ad Roman. cap. 6. v. 24.

Pierre-Emmanuel de Gondi, comte de Joigni, etc., général des galères, lieutenant général ès mers du Levant, etc., mourut à son château de Joigni, le 29 juin 1660, à l'âge de quatre-vingt-un ans, après avoir vécu trente-cinq ans dans les ordres ; il avait épousé Marguerite de Silly, fille d'Antoine de Silly, comte de la Rochepot, et de Marie de Lannoy, souveraine de Commercy et d'Enville, dont il eut les enfans suivans: Pierre de Gondi, duc de Retz, pair et général des galères de France; Henri de Gondi, marquis des Isles-d'Or; et Jean François Paul, cardinal de Retz, second archevêque de Paris.

N° 117.

DE NOTRE-DAME.

Statue en marbre et à genoux, de Pierre de Gondi, évêque de Paris, et cardinal, frère d'Albert de Gondi, mort en 1616, âgé de 84 ans.

Cette statue médiocre est placée sur un entablement posé sur quatre colonnes de marbre noir, au milieu desquelles on voit un grand cénotaphe de pareil marbre, revêtu de l'inscription suivante :

Petrus S. R. E.
Presbiter cardinalis
De Gondi
Vir notœ in Deum pietatis
In ecclesiam observantiâ, in regem fide
In subditos curâ
In patriam charitate, in suos amore,
Domi dignitate, publicè prœsertim
In pauperes vinctos religiosaque
Familias liberalitate,

Autoritatis, juris, disciplinæ
Ecclesiasticæ tenax, sacrarum ædium
Collapsarum restaurator,
Novarum ædificator
Frequens ad pontifices maximos
Legatus,
Regibus Carolo IX et Henrico III.
Imprimis charus;
Henrici magni cum pontifice maximo
Et Ecclesiæ conciliator
Ludovici XIII.
In christo progenitor
Mortalitatis memor hoc sibi funeri suo
Annis quatuordecim superstes
Monumentum poni curavit.
Excessit anno domini 1616, *ætatis* 84.
13 *calend. martii.*

Les Gondi avaient obtenu leur sépulture dans l'église de Paris, (dite Notre-Dame) dans une chapelle située à l'orient du temple; il est inutile de rappeler ici la magnificence que l'on avait apportée dans la décoration de cette chapelle, qui fut bientôt insuffisante pour contenir la nombreuse famille des illustres Florentins qui vinrent en France, sous Médicis, grossir le nombre des courtisans. Antoine de Gondi, deuxième du nom, illustrissime Patrice Florentin, seigneur du Perron, et de Roissay, fut le premier qui vint en France en 1527; il reçut du roi Henri II la charge de premier maître d'hôtel de sa maison, et mourut dans son hôtel du Perron. Il fut enterré dans l'église des Quinze-Vingts, ainsi que Marie Catherine de Pierrevive son épouse, qui mourut le 4 août 1574.

Le 10 mai 1602, cette famille obtint du chapitre de l'église cathédrale une chapelle voisine de celle qu'elle avait déjà, pour agrandir celle-ci, ainsi qu'il est mentionné dans les conclusions du chapitre général, extraordinairement tenu à cet effet.

« *Die veneris, 10 maii 1602. Conceditur illustrissimo domino cardinali capella vicina, et proxima capellae S. Ludovici, pro augmentatione sepulturae praefati illustrissimi domini cardinalis, et defuncti domini ducis de Retz, ibidem extruendae.*

Rogabitur nihilominus praefatus dominus cardinalis, construere altare ejusdem versùs orientem, prout nunc est, si id fieri commodè possit. »

Bientôt après cette chapelle fut décorée de peintures magnifiques, et notamment des armoiries de toute la famille; elles s'y voyaient avec profusion, et elles étaient accompagnées de légendes et d'inscriptions très-honorables, qu'on ne saurait rapporter ici sans fatiguer le lecteur. Nous nous bornerons donc à donner celles qui se lisaient dans l'intérieur du caveau qui renfermait les corps de la famille de Gondi et de leurs alliés, qui n'étaient point exposées à la vue du public, et qui n'existent plus. La suivante était placée sur la tombe de Pierre de Gondi dont j'ai parlé plus haut:

Petrus titulo Sanctæ Trinitatis, in monte Pincio (une des collines de Rome) *cardinalis Gondius perillustris, et Parisiorum Antistes perdignus, hoc sub feretro delitescit viam universae carnis ingressus XIII, Kalendas martias 1616.*

On voit ensuite celle de Henri de Gondi, carnal de Retz, évêque de Paris, qui mourut en 1622.

Cy gist le corps d'éternelle mémoire monseigneur illustrissime, et reverendissime Henry de Gondi cardinal de Retz, évêque de Paris, chèf du conseil du roy Louis XIII de ce nom, commandeur de l'ordre du S. Esprît, et maître de l'Oratoire de sa majesté, décedé au camp du roy à Bessieres en Languedoc le 13me. jour d'août 1622 le 53me. an de son âge.

La suivante est en l'honneur de Jean François de Gondi, premier archevêque de Paris.

Cy gist le corps de feu monseigneur l'illustrissime et reverendissime Jean François de Gondi, premier archevêque de Paris Conseiller du roy en son Conseil d'Etat Commandeur des ordres de sa majesté, qui deceda en son Palais Archiépiscopal le samedy 21 mars 1654 âgé de 71 ans.

Les trois inscriptions que nous donnons à la suite de celles que l'on vient de lire furent gravées 1° en l'honneur de Simon de Pierrevive; 2° de Sylvius de Pierrevive, chanoine et chancelier de l'église de Paris, qui méritèrent cette faveur par leur alliance, et pour leurs offices auprès de la famille de Gondi. La dernière, qui orne le caveau, est celle de Jean de Bragelonne, chanoine de Notre-Dame, qui fit généreusement l'abandon de son revenu et de son canonicat en 1645, pour suivre dans les prisons de Vincennes Jean-François-Paul de Gondi, archevêque de Paris, successeur de Jean François, son frère. Les voici :

Cy git reverend pere en Dieu messire Simon de Pierrevive, en son vivant Conseiller et Aumonier ordinaire du Roy, abbé de Soug, et de Notre-Dame d'Hyvernaux, chanoine, et archidiacre de Brie en l'église de céans qui deceda le 13me. jour de decembre, l'an 1568. Dieu ait son ame.

ÆTERNÆ MEMORIÆ
ac Sapientissimo, et Viro Nobilissimo Domino
Sylvio à Petravivâ Cheriopedemontano
Doctori Theologo,
Hujus insignis Ecclesiæ Canonico,
Et Almæ Universitatis Parisiensis Cancellario;
Illustrissimorum Gondæi, et Retzii Cardinalium,

Parisiensium Præsulum,
Illustrissimique D. Joannis Francisci Gondæi
Archiepiscopi Parisiensis nunc feliciter sedentis,
per annos 30. et plus,
non sine laude, et bonorum omnium incredibili gaudio
Vicario generali;
nec non Cœnobii in Insulâ Nigri Monasterii
olim Abbati dignissimo:
qui tribus Fratribus, adversâ licet valetudine,
factus superstes,
Illustre Petravivorum Nomen secum hoc Tumulo
moriens condidit.
Ejus supremæ voluntatis Curatores
hoc Monumentum posuere,
Obiit die 19. *Mensis Martii Anni* 1627.
Ætatis suæ 70.

Épitaphe de Jean Bragelonne, qui fut inhumé devant la chapelle de Gondi.

ANTE SACELLUM
Illustrissimorum Dominorum D. de Gondi
Jacet Corpus nobilis ac præclari Viri
Domini Joannis de Bragelonne
Regis ab Eleemosynis,
nec non hujus Insignis Ecclesiæ Parisiensis Canonici,
*Qui ob summa ab Ill*mo. *et R*mo. *in Christo Patre*
*D. Joan. Franc*o. *de Gondi* 1°. *Paris. Archiepiscopo,*
*nec non ab Emin*mo. *Seren*mo. *et R*mo. *Patre*
*Joan. Franc*o. *Paulo de Gondi Cardinali de Retz*
*Paris. Archiep*o. 2°. *accepta Beneficia*
hîc inhumari concupivit.
E vitâ discessit Die 29. *Augusti*

Pl. 129. Nº 118.

Diane de France.

Anno recuperatæ salutis 1653.
Pace fruatur æternâ.

N° 118.

DES MINIMES PLACE ROYALE.

La statue à genoux et en marbre, de Diane de France, fille naturelle de Henri II et de Philippe des Ducs, demoiselle de Cony en Piémont. En 1552 elle avait épousé en premières noces Horace Pharnèse, qui fut tué en 1553 au siége d'Hesdin. Diane, restée sans enfans, le roi son père la remaria le 3 mai 1557 à François, duc de Montmorenci, maréchal de France, dont elle n'eut point d'enfans. Elle mourut en 1619, après avoir substitué tous ses biens à François et Louis de Valois, ses petits neveux, et tous deux enfans de Charles de Valois, fils naturel de Charles IX et de Marie Touchet. (*Voyez* le n° 182.)

On lisait au bas de cette statue, sculptée par Boudin, l'inscription suivante : *Diane de France, fille, et sœur légitimée des rois, Duchesse d'Angoulême, douairière de Montmorenci, décedée à Paris, l'onzième Janvier 1619 agée de 80 ans.* L'épitaphe suivante était placée au-dessus du monument :

PIIS MANIBVS MEMORIÆQVE SACRVM.

Dianæ Franciæ Ducissæ Engolimensis, Christianissimi Regis Henrici II. natura filiæ et in iura legi-

timorum naturalium ascriptæ, quæ primum Horatij Farnesij Ducis Castrensis in obsidione Hedina cæsi paucis diebus vxor, postmodum Francisco Momorentio illustrissimæ familiæ Principi elocata, susceptoque ex eo vnius diei et longi mœroris filio, vidua relicta diu superstes fuit, cum aliarum virtutum concursu, tum integra pudicitiæ fama insignis cultuque in Deum Regemque incomparabili. Cuius vel maximum documentum dedit, cum sub initia ciuilis belli, deposito apud illam fidei pignore, inter duos potentissimos Reges Henricum III. Francorum et eius mox successorem Henricum Nauarrorum Regem, mutua concordia atque amicitia stabilita est. Tandem, vt quod acerbo prolis occasu perdiderat, adoptione resarciret, moriens Franciscum Valesium ex Regia stirpe pronepotem sibi hæredem ex asse instituit, eique incertæ mortalium vitæ memor, Ludouicum fratrem, non minus virtutis quam sanguinis coniunctione germanum, substituit. Obijt octogenariâ maior anno salutis supra mille sexentos vndeuigesimo, III. Nonas Ianuarij.

Autre inscription gravée sur une lame de cuivre:

Diane de France,
Fille et sœur légitime des Rois,
Duchesse d'Angoulême,
Douairiere de Montmorenci,
décédée à Paris, l'onzième janvier 1619,
agée de 80 ans.

Près de ce mausolée on voyait dans la même chapelle, nommée chapelle de Notre-Dame de bon-Secours, ou d'Angoulême, la statue de Charles de Valois, duc d'Angoulême, fils naturel de Charles IX et de Marie Touchet, dont il sera parlé dans la suite sous le n° 182. Voici l'épitaphe qui décorait son tombeau :

Siste viator,
et disce
sub hoc marmore recondi cineres
invicti quondam Principis,
Caroli Valessii,
Engolismensium Ducis, Comitis,
Arvernensis.
Natura Carolum IX. Patrem dedit;
bona indoles Henricum III.
Educatorem promeruit;
Henricus IV. Virtutem ejus exercuit;
Ludovicus XIII. et Ludovicus XIV.
beneficiis benevolentia
et honore illum prosecuti sunt.
Res prosperæ, res adversæ,
animum ejus
nec fregere nec corrupere.
Super armatos stremus, contra rebelles
fortis, inter proceres pacificus vixit.
Longam senectutem litteris,
consilio, virtute, illustrem fecit.
Obiit in Christo ætatis suæ 78.
die 23 septembris an. 1650.
Franciscæ Nargoniæ
secundis post Carolam memorantiam
votis exaptata,
Principi conjugi bene de se merito,

æternum hoc pietatis, gratitudinis,
et amoris monumentum posuit.
Abi, precare.

Viennent ensuite les épitaphes de sa première femme et de sa mère :

Cy gist
haute et puissante Princesse,
Madame
Charlotte de Montmorenci,
Duchesse d'Engoulême,
et épouse de très haut et puissant
Prince, Monseigneur
Charles de Valois,
Duc d'Engoulême, Pair de France.
Elle est décédée le 12 d'août
de l'an 1636.
Dieu mette son ame en Paradis.

Epitaphe de Marie Touchet, maîtresse de Charles IX.

Cy gist
le corps de haute et puissante Dame,
Madame Marie Touchet
de Belleville, au jour de son décès,
veuve de feu haut et puissant Seigneur,
Messire François de Balsac,
sieur d'Entragues,
Chevalier des ordres du Roi,
et Gouverneur d'Orléans,
laquelle décéda le 28. mars 1638
âgée de 89 ans.

Les inscriptions que nous rapportons ici ornaient aussi l'église des Minimes. Les ayant relevées avant leur destruction, nous avons pensé que ces monumens, témoins fidèles de la reconnaissance de ceux qui les ont élevés à la mémoire des illustres personnes dont ils font mention, ne seraient point déplacés dans notre recueil. La première, gravée sur un marbre noir, était rehaussée d'or, et fut posée en 1629, en l'honneur de la famille de Castille.

D. O. M.

Siste Hospes Lapis te rogat.

Hîc Petri Castellæ et Petri filij mortalis exuuiæ conduntur. At vterque qui fuerint aduerte. Pater magni Consilij Senator, dein à libellis supplicibus fuit, defunctus apud Heluetios altera Legatione, atque ita per legitimos honorum gradus solidam ad res gerendas virtutem adeptus tandem intimo regio consessu Largitionum Comitiuæ præfuit, quod probitatem fidemque testatur magis, earumdem examini præficitur. Turbidissimis exinde temporibus, dum Legatus tertium Heluetiæ extra ordinem destinatur; Auinioni viuere desiit xvij. Kal. Quint. ætatis suæ, anno xliij. Christi M. DC. XXIX. Quem paternæ virtutis æmulus, filius præcox prudentiâ, et ante annos Iuris claritudine, in Senatu Parisiensi allectus, parentis desideratissimi fato iustam fati seriem anteuertit, luctuque immodico et doloris ægritudine mortem obijt XV. Kal. easdem anni sequentis. Carolina Iannina vxor coniugi amantissimo, mater filio pientissimo insolabiles la-

chrymas marmori sculpi iussit. Hospes abi et mortalium vicem luge.

La seconde fut érigée en l'honneur de la famille de Verthamon, célèbre dans la magistrature.

D. O. M.

Æternæ memoriæ.

Francisci de Verthamon Senatoris Parisiensis, qui antiqua et nobili apud Lemouices familia natus amplissimi ordinis dignitatem, per annos xxx vij. ea integritate constantiaque gessit, priuatam vitam singulari morum sanctimonia sic instituit, vt domi forisque par sui desiderium moriens, et æmulandæ virtutis exemplum insigne reliquerit. Idem in sacellum hoc structuræ dotisque nomine, vt in eo sibi, suisque perpetuum ius esset, statoque in dies singulos pro se suisque salutari sacrificio argenti libras contulit IↃↃ. CIↃ. *Vixit annos vndesexaginta, menses viij. dies xx v. excessit Kalendis Augusti anno* CIↃ. IↃCXXV.*vxor liberique marito dulciss. patri optimo mœrentes posuerunt.*

Maria Versoris vxor, domo Parisiis orta, non dispari piæ denotæque mentis studiis viro simillima, quocum annos vij. et xxx. summa concordia vixerat, post etiam communi monumento in spem vitæ communem coniuncta est.

N° 544.

DE LA CHAPELLE, PRÈS NOGENT-SUR-SEINE.

Fragment d'un monument d'architecture d'ordre composite, orné de colonnes, de quatre niches garnies de leurs figures, sculptées en mar-

Pl. 130. Nº. 544.

Percier del.

Monument d'Architecture du 16e. Siecle

bre blanc, représentant Bacchus enfant, Diane, Vénus pudique et Cérès; de frises, de bas-reliefs et d'allégories relatives à la chasse, faisant allusion à Diane de Poitiers, dont on remarque les chiffres dans plusieurs endroits.

Ce beau monument, exécuté sur les dessins de Philibert de Lorme, servait originairement de clôture à la cour qui précède l'église paroissiale de Nogent-sur-Seine, qui fut restauré en partie par les ordres de Henri II, à la sollicitation de Diane de Poitiers. En 1786 environ, l'intendant des finances, de Boulogne, possesseur d'un magnifique parc à une lieue de la ville, dans un hameau nommé *la Chapelle*, en fit la demande aux habitans de Nogent, pour le placer dans son jardin pittoresque, en forme de ruine. Il l'obtint pour une grille qu'il fit poser à la place. Cette maison fut depuis vendue; j'y portai mes pas par hasard. Admirant dans ce lieu charmant la composition, la finesse du travail et la couleur argentée de ce précieux monument, qui rappelle sous tous les rapports les ruines antiques, je le demandai au citoyen Audrianne, son propriétaire, qui s'en dessaisit en ma faveur, et qui me proposa, avec un désintéressement peu ordinaire, plusieurs monumens curieux qui ornent son parc, que j'aurais de suite fait transporter dans ce Musée si j'eusse obtenu les fonds convenables.

N° 559.

Nous terminerons cette partie de notre troisième volume par la gravure de plusieurs petits monumens en ivoire, en bois, ou en fer, qui servaient aux usages domestiques et aux décorations intérieures des maisons, afin de mettre nos lecteurs à même de juger à quel degré de perfection non seulement la peinture, la sculpture et l'architecture furent portées dans ce siècle régénérateur, mais encore toutes les parties de ces mêmes arts qui tiennent essentiellement aux manufactures et au commerce.

La planche suivante nous fait voir d'abord une statue en ivoire, de quinze pouces de proportion, représentant saint Sébastien. Grace, souplesse, expression et dessin vigoureux, tout est réuni dans l'ensemble de cette figure, attribuée à Jean Cousin. Cet artiste s'était tellement pénétré des productions de Michel-Ange, qu'à la première inspection de ce monument on est trompé. Ensuite nous voyons un groupe aussi en ivoire, de la même hauteur, représentant une jeune fille debout, châtiant un esclave à genoux, qui semble lui demander sa grace. Ce groupe, sculpté par Francheville, dont nous avons parlé plus haut, présente plus de sécheresse dans l'exécution, et moins de grace que le précédent; mais on y remarque un grand caractère de des-

Pl. 131. N° 559.

Lenoir del.

Statues d'Ivoire.

Pl. 132 — Nº 360

Coffret en fer orné de bas reliefs ciselé en 1525.

Pl. 133 V.

Derriere du Coffret.

Bureau del. L.G.

Pl 234 N° 560.

Côté droit du Coffret.

Dessus du Coffret.

Pl. 135 N° 560.

Bordure du Dessus du Coffret

Côté gauche du Coffret.

Bureau del. L.G.

sin et une finesse d'expression qui appartiennent essentiellement au seizième siècle.

Nº 560.

J'ignore à quel usage pouvait servir le coffre en fer que je donne ici; mais la beauté et la richesse des cinq bas-reliefs qui le composent, la difficulté vaincue pour leur exécution sur une matière aussi ingrate, m'ont déterminé à les faire graver.[1] Le bas-relief qui forme le couvercle de ce coffre représente dans son milieu un calvaire; à sa droite on voit la nativité de Christ, et de l'autre côté sa résurrection; de manière que ce petit monument représente la *vie*, la *mort* et l'*immortalité*. Le bas-relief de la face principale représente le serpent d'airain; le suivant Moïse, brisant les tables de la loi à la vue des Israélites dansant aux pieds du veau d'or Apis; celui de l'autre face représente Moïse faisant descendre du ciel la manne; et le quatrième représente le martyr de saint Etienne.

COSTUME.

Vers la fin de ce siècle le luxe fut porté au plus haut degré de raffinement; l'or, l'argent, les perles et les pierres précieuses étaient employés

[1] J'ai acheté ce coffre au citoyen Scellier, marchand, rue de Seine.

avec une grande profusion sur les vêtemens de l'un et de l'autre sexe. (*Voyez* la statue de Catherine de Médicis, n° 103.)

Sous Henri III, les mœurs étaient si dépravées, que la plupart des hommes étaient mis avec autant de coquetterie que les femmes les plus dissolues. Ils portaient de grands pantalons de soie qui collaient tellement le long des cuisses, qu'ils mettaient les formes presque à nu jusqu'à la partie génitale; ce pantalon se terminait vers cette partie par un retroussis d'étoffe ou petit pourpoint qui le retenait, le liait à la ceinture, et parfaitement semblable à ceux que portent encore les faiseurs de tours que nous voyons communément sur nos places publiques. (*Voyez*, article vitraux des Feuillans, le portrait en pied de Henri III.) Les petits-maîtres, à l'imitation du roi, mettaient du rouge et des mouches; les femmes se chargeaient de perles, de bijoux et d'étoffes de différentes couleurs. On fixe à cette époque l'introduction en France des premiers éventails.

FIN DU TOME TROISIÈME.

www.ingramcontent.com/pod-product-compliance
Ingram Content Group UK Ltd.
Pitfield, Milton Keynes, MK11 3LW, UK
UKHW020208250726
13967UKWH00003B/1339

9 782013 072939